내 삶에 교양과 품격을 더하는
명강의를 만나보세요.

_____ 님에게

# 벼랑 끝 민주주의를
# 경험한 나라

# 벼랑 끝 민주주의를 경험한 나라

서가명강 41

## 분열의 정치를 넘어 새로운 질서를 설계하는 시간

강원택 지음

서울대학교
정치외교학부 교수

21세기북스

## 인문학
人文學, Humanities

철학, 역사학, 종교학, 문학,
고고학, 미학, 언어학

## 사회과학
社會科學, Social Science

경영학, 지리학, 사회학,
심리학, 외교학, 정치학
경제학, 법학

## 자연과학
自然科學, Natural Science

과학, 수학, 의학, 물리학,
지구과학, 화학, 생물학

## 정치학
政治學,
Politics, Political Science

## 공학
工學, Engineering

기계공학, 전기공학, 컴퓨터공학,
재료공학, 건축공학, 산업공학

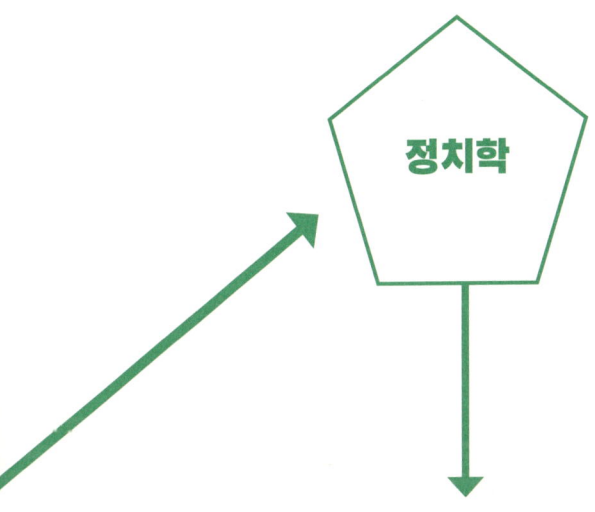

정치학

## 정치학이란?
### 政治學, Politics, Political Science

정치학은 권력, 제도, 정책, 정치 행위 및 정치적 사고를 체계적으로 연구하는 학문으로, 정치 현상을 과학적이고 체계적으로 분석 및 비판한다. '누가, 무엇을, 어떻게, 왜' 결정하고 실행하는가를 탐구하는 학문이라고 할 수 있다. 주로 국가권력을 행사하거나 자원의 획득, 배분을 둘러싼 문제 또는 여러 세력들간 갈등과 투쟁 및 타협으로 야기되는 국가 현상을 중심으로 정치사상과 현상을 연구한다. 정치이론, 정치철학, 정치사상, 정치사, 비교 정치, 정치과정, 국제정치, 행정학, 정책학 등으로 세분화할 수 있다. 한국에서 정치학 연구는 한국의 특수한 정치 현상을 고려하여 체계적이면서 종합적으로 검토되어야 하며, 궁극적으로 한국 정치에 대한 관심과 분석으로 이어진다.

# 이 책을 읽기 전에 주요 키워드

## 민주주의

민주주의는 "모든 권력은 국민에게 있다"는 원칙 아래, 국민이 정치에 참여하고 권력의 남용을 견제하면서 자유와 평등을 보장받는 정치체제로 국민이 주권을 가지고 정치에 참여한다. 대표자를 선출해 정치를 맡기는 대의민주주의가 일반적이며, 법의 지배와 권력 분립을 통해 권력 남용을 방지하고 시민의 자유와 권리를 보호한다.

## 유신체제

유신체제는 1972년 박정희 대통령이 헌법을 개정해 만든 독재적 통치 체제로, '10월 유신'이라고도 한다. 국가 안보와 경제 성장을 명분으로 도입됐지만, 표현의 자유와 정치적 반대 의견이 억압되었고, 장기 집권을 위한 제도적 장치로 평가받는다. 1979년 박정희 대통령의 피살과 국민들의 저항으로 유신체제는 막을 내렸다.

## 6 · 29 선언

6·29 선언은 1987년 6월 29일 당시 민주정의당의 대통령 후보였던 노태우가 발표한 정치 선언으로, 국민의 민주화 요구에 따라 직선제 개헌을 포함한 민주화 조치들을 약속한 발표문이다. 이는 같은 해 6월 전국적으로 벌어진 6월 항쟁의 거센 시민 저항에 정부가 굴복한 결과로, 대통령 직선제 도입, 김대중 등의 정치인 사면, 언론 자유 확대, 지방자치제 실시 등이 포함되어 있다. 이 선언은 한국 민주주의 발전의 전환점이 되었으며, 이후 제9차 헌법 개정과 87년 체제의 출발점이 되는 계기가 되었다.

## 87년 체제

1987년 6월 항쟁을 통해 군사 독재에 맞서 국민이 직접 민주주의를 요구하면서 만들어진 대한민국의 민주화 이후 정치·사회 질서를 말한다. 대통령 직선제 도입, 헌법 개정, 정당 정치의 부활 등을 통해 민주주의가 제도화된 것을 특징으로 하지만, 동시에 양당 중심 정치, 지역주의, 재벌 중심 경제구조, 사회 불평등 같은 한계도 함께 고착되었다는 평가를 받고 있다.

## 정치적 양극화

정치 분야에서의 양극화는 사회 구성원들이 서로 다른 정치적 견해나 이념에 따라 극단적으로 나뉘고, 중간 입장이나 타협이 점점 사라지는 현상을 말한다. 이는 진보와 보수, 여당과 야당 간의 갈등이 격화되면서 정책 논의보다 정쟁과 반목이 우선시되고, 국민들 사이에서도 상대 진영에 대한 불신과 혐오가 심화되는 결과를 초래한다. 정치 양극화가 심해지면 협치가 어려워지고, 사회 통합과 공동체 의식도 약화될 수 있다.

## 계엄령

계엄령은 국가의 비상사태—예를 들어 전쟁, 내란, 대규모 폭동 등—가 발생했을 때 정부가 질서 유지를 위해 군대에 치안 유지 권한을 부여하는 특별 조치를 말한다. 평상시에는 경찰이 담당하는 공공질서 유지와 사법 기능을 군이 대신하게 되며, 경우에 따라 집회 시위의 제한, 언론·출판의 검열, 군사재판 실시 등이 가능해져 국민의 기본권이 일시적으로 제한될 수 있다. 계엄령은 '경비계엄'과 '비상계엄'으로 나뉘며, 비상계엄은 훨씬 더 강한 통제를 허용한다. 제도적으로는 합법적 조치지만, 권력 유지나 정치적 목적으로 악용될 경우 심각한 민주주의 훼손을 초래할 수 있다.

## 협치

정치 분야에서 '협치'는 정당, 정부, 국회 등 다양한 정치 주체들이 이념과 이해관계의 차이를 넘어서 공동의 목표를 위해 협력하고 조율하는 정치 운영 방식을 의미한다. 특히 다당제나 정치적 양극화가 심한 상황에서 협치는 의견 충돌을 조정하고 사회적 합의를 도출하는 데 필수적인 민주주의의 핵심 요소로 작용한다. 협치가 잘 이루어지면 정책의 지속성과 국민의 신뢰가 높아지지만, 정치적 이익만을 앞세워 협력이 무산될 경우 정책 교착과 갈등 심화로 이어질 수 있다.

# 차례

## 1부　민주주의는 우리에게 무엇을 남겼는가

## 2부　민주주의 공고화를 이끈 리더십의 재발견

"우리 정치가 걸어온 길을 차분히 되돌아보고, 위기의 원인을 정확히 진단하여, 정치 개혁을 통해 고장 난 민주주의를 복원해가는 계기로 삼아야 한다."

# 다시 위기에 내몰리지 않으려면

2024년 12월은 송구送舊의 흥청거림이나 영신迎新의 설렘 대신, 모두에게 매우 우울하고 무거운 연말이었다. 대통령의 예기치 못한 비상계엄 선포로 하루아침에 모든 것이 엉망이 되었다. 다행히 국회에서 신속하게 계엄 해제 결의가 이루어져 상황이 오래 지속되지 않았다. 불행 중 다행이었다.

만약 그날 밤 계엄이 해제되지 않았다면, 다음 날 아침 수많은 시민이 전국 각지에서 거리로 쏟아져 나왔을 것이고, 계엄령하에서 치안과 질서 유지를 책임진 군과의 대치 상황이 벌어졌을 것이다. 시민과 군인 모두에게 난감한 상황이었겠지만, 격앙된 감정이 뜻하지 않은 충돌로 이어져 다치거나 희생자가 생겼다면, 이후에는 감당하기 어려운 심각한 혼란으로 번졌을 가능성이 크다. 천만다행으로 국회의 신속한 계엄 해제 결의는 정치제도를 통한 위기 해소의 길을 열어주었다.

그럼에도 많은 시민은 여전히 불안해했고, 나 역시 정치학도로서 힘든 시간을 보냈다. 솔직히 말하건대 나는 이런 일이 발생할 것이라고 전혀 예상하지 못했다. 한국 정치가 극심한 갈등과 대립에 놓여 있었던 것은 사실이지만, 그것이 이처럼 파국적인 상황으로 이어지리라고는 생각하지 못했다.

비상계엄 선포 이전, 더불어민주당 측에서 계엄 관련 소문을 언급했을 때, 계엄령은 오늘날 우리의 정치 현실과 국제적 위상을 고려할 때 가능한 일이 아니라는 내용의 칼럼을 쓰기도 했다. 그래서 비상계엄 선포는 한국 정치의 오작동을 인식하지 못한 채 상황을 낙관적으로만 바라보았던 나 자신에게 정치학자로서 자괴감을 안겨주었다. 도대체 한국 정치는 언제부터 무엇이 잘못된 것일까? 이 책은 그런 자기반성과, 한국 정치의 근원적 문제에 대한 질문에서 출발했다.

내가 한국 정치에 대해 낙관적인 시선을 가졌던 이유는,

1970년대 중반 이후 민주화를 이룬 수많은 신생 민주주의 국가들 가운데 대한민국이 비교적 안정적으로 민주주의를 유지해온 드문 성공 사례였기 때문이다. 이는 그저 나의 개인적 생각이 아니라, 민주주의를 관찰하고 측정하는 여러 국제기관들의 공통된 평가이기도 했다. 그랬던 한국 민주주의가 이처럼 파국적인 상황으로 전락하게 된 것은 결국 정치가 과거와 달라졌기 때문일 것이다. 이 책은 바로 그런 관점에서 시작했다. 과연 지금의 한국 정치는 무엇이, 어떻게 이전과 달라졌는지 그 변화의 핵심을 짚어보고자 했다.

이 책을 통해 내가 찾은 결론은 한국 민주주의가 제대로 작동하기 위해서는 결국 "기본으로 돌아가야 한다Back to the Basic"는 것이다. 민주주의의 기본은 다원주의에 있다. 민주주의 사회에는 다양한 정치적 주장, 이념, 이해관계, 세계관이 존재하며, 그 다양성을 인정하는 데서 출발해야 한다. 정치적 차이를 '옳고 그름'이나 '선과 악'의 문제로 바라보는 것이 아니라, '서로 다름'으로 이해하고, 그 차이를 좁히려는 타협과 관용의 정치가 이뤄질 때, 민주주의는 비로소 안정될 수 있다. 우리나라의 1987년 민주화 과정이나 그 이후의 민주적 공고화도 바로 그러한 방식으로 이뤄져왔다.

그러나 그 이후의 정치는, 당시의 타협과 공존의 정신을 잊어버리고 독선과 배제의 정치로 변질되었다. 이와 함께 '87년 체제'를 지탱해온 유·무형의 기반 또한 약화되었거나 이미 무너져버린 상태다. 지금은 새로운 변화를 모색해야 할 시점이다. 우리 정치가 걸어온 길을 차분히 되돌아보고, 위기의 원인을 정확히 진단하여, 정치 개혁을 통해 고장 난 민주주의를 복원해가는 계기로 삼아야 한다.

어지러운 상황에서 책을 쓰는 일이 무척 힘들었다. 마음은 급했지만, 시간은 좀처럼 나지 않았고 몸도 따라주지 않았다. 그런 가운데에서도 이 책이 세상에 나올 수 있었던 것은 21세기북스 강지은 팀장의 도움 덕분이었다. 진심으로 감사드린다.

2024년 말, 터져 나온 한국 민주주의의 위기는 힘겹고 고통스러운 시간이었지만, 동시에 민주주의의 소중함을 다시 일깨워준 시간이기도 했다. 민주주의가 어떻게 무너질 수 있는지, 그리고 그것을 막기 위해 어떤 노력이 필요한지를 새삼 깊이 생각해볼 수 있었다. 비록 모두에게 힘든 시간이었지만, 이번 사태 역시 우리 사회가 늘 그래왔듯이 도전과 역경 속에서 새로운 미래를 향해 나아갈 수 있는 성찰과 회복의 계기가 되기를 희망한다.

2025년 8월

강원택

# 1부___

DEMOC

CRACY

# 민주주의는 우리에게

# 무엇을 남겼는가

1987년 민주화 이후 한국 사회는 권위주의 체제를 벗어나 공정한 선거를 통해 권력 교체가 가능한 제도적 민주주의를 이뤄냈다. 그러나 오늘날 우리는 제도적 민주주의를 넘어 실질적 민주주의, 곧 시민이 체감할 수 있는 정치의 실현을 기대하고 있다. 이제 중요한 것은 한국 민주주의가 앞으로 어떤 방향으로 나아가야 하는지를 묻는 일이다. 한국 민주주의의 역사적 맥락을 통해 현재의 과제를 함께 톺아볼 필요가 있다.

# 한국
# 민주주의의 서막

**원조받는 나라에서 원조하는 나라로**

2024년 12월 3일 이후, 한국 민주주의는 벼랑 끝에 서게 되었다. 윤석열 정부의 비상계엄 선포로 인해 한국 민주주의는 정상적인 작동을 멈췄다. 이후 정쟁의 격화, 양극화된 정치와 극단적 주장의 표출, 그리고 거리에서의 격렬한 대립까지 이어지며 한국 민주주의는 그야말로 심각한 퇴행을 겪었다. 이 사건이 많은 이들에게 충격적이었던 까닭은 그동안 대한민국은 신생 민주주의 국가 중에서 예외적이라고 할 만큼 모범적인 민주주의 공고화를 이뤄냈기 때문이다. 그런 국가가 갑자기 왜 이런 정치적 위기를 겪게 되었을까?

그동안 대한민국은 여러 영역에서 매우 성공적인 역사를 이뤄왔다. 1945년 해방 이후 국토의 분단과 전쟁, 그리고 극심한 가난으로 고통을 받았고, 권위주의적이고 억압적인 통치를 겪어야 했다. 하지만 오늘날에는 세계 굴지의 경제력을 갖추고 문화적으로도 커다란 영향력을 펼치는 국가로 발돋움했다.

K-팝은 더 이상 설명할 필요가 없는 세계인이 즐기는 음악 장르가 되었다. 한국 영화는 미국 아카데미 시상식에서 최우수 작품상인 오스카상을 받았다. 한강 작가는 노벨문학상을 수상했다. 이렇듯 한국은 명실상부한 문화 강국으로 자리 잡았다. 이뿐만이 아니다. 경제적으로는 자동차, 전자, 조선 등 다양한 산업 분야에서 큰 성과를 거뒀지만, 개인적으로 우리 경제의 발전을 가장 상징적으로 보여주는 것은 방위산업의 발전이라고 생각한다.

6·25 전쟁 당시 200대가 넘는 소련제 탱크를 가졌던 북한과 달리 우리는 단 한 대의 탱크도 없었다. 어린 시절 학교 수업 시간에 그 말을 들으면서, '전쟁을 해야 하는데 탱크가 하나도 없다니' 하며 마음속으로 놀랐던 기억이 있다. 그런데 오늘날에는 탱크뿐만 아니라 자주포, 지대공 미사

상전벽해의 한국 역사, 6·25 전쟁 직후의 광화문과 오늘날 광화문 광장의 모습이다. 이 두 사진의 시차는 불과 70여 년으로, 한국 사회는 빠르고 압축적인 변화를 이뤄냈다.

일, 전투기, 군함, 잠수함 등과 같은 첨단 무기를 전 세계에 수출하고 있다.

과거에는 미국의 평화봉사단<sup>Peace Corps</sup>이 우리나라 학생들을 지도하고, 낙후된 지역에서 필요한 기술과 지식을 교육하며 경제적·사회적 지원 활동을 펼쳤다. 하지만 현재 개발도상국의 빈곤 감소 및 삶의 질 향상, 국제사회의 평화와 번영의 목적으로 설립된 한국국제협력단<sup>KOICA</sup>이 전 세계 곳곳에서 많은 활약을 하며, 과거 우리가 받았던 원조를 되갚고 있다.

특히, 우리나라는 2009년부터는 국제사회에서 최초로 원조를 받던 나라에서 원조해주는 나라가 되었다. 한국은 1995년 세계은행의 원조대상국에서 제외되었고, 이듬해 1996년 선진국들이 회원인 경제협력개발기구<sup>OECD</sup>에 가입했다. 2009년에는 개발도상국을 지원하는 OECD 개발지원위원회<sup>DAC</sup> 회원이 되었다. 1969년 당시 정부 예산 규모가 3천억 원 정도였던 우리나라는 국제사회로부터 800억 원의 원조를 받았다.[1] 원조로 받은 액수가 정부의 전체 예산 규모의 무려 27%에 해당하는 금액이다. 이처럼 과거에 원조를 받던 한국은 빈곤을 극복하고 발전을 이룬 경험을 바탕으로, 이제는 다른 개발도상국을 돕는 국가가 되었다. 2025년 한국의 공적개발원조<sup>ODA</sup> 예산은 6조 5천억 원 규모이다.

## K-민주주의, 왜 이렇게 되었을까

경제, 문화, 외교뿐만 아니라 정치적으로도 한국은 최근까지 비교적 성공적인 민주화와 민주주의의 공고화를 이뤄냈다. 1970년대 중반부터 시작되었던 전 세계적인 민주화의 물결 속에서 민주화된 정치체제를 제대로 지키고 유지해온 나라는 손에 꼽힐 만큼 드물다. 한국은 그런 신생 민주주의 국가 중 매우 드문 성공적인 사례였다. 공정하고 자유로운 선거에 의한 권력 교체가 일반화되었고, 법의 지배, 개인의 자유, 인권 보호가 강화되었다.

이런 사실은 전 세계의 민주주의를 측정하는 여러 기관의 평가에 의해서도 확인된다. 조사 기관 중 하나인 영국 『이코노미스트<sup>Economist</sup>』의 민주주의 지수<sup>The Democracy Index</sup>를 살펴보자. 이 평가는 매년 전 세계 167개국을 대상으로 민주주의 수준을 다섯 가지 기준에 의해 측정한다.

첫 번째 기준은 선거 과정과 다원주의에 관한 것으로,

선거가 공정하고 경쟁적으로 치러지는지를 평가한다. 두 번째 기준은 정부 기능이다. 정부의 업무가 효과적이고 효율적으로 기능하는지를 측정한다. 세 번째는 정치 참여이다. 정치 참여가 얼마나 자유롭고 개방적으로 이뤄지는지를 평가한다. 네 번째는 정치 문화이다. 관용과 공존의 정치 문화인지, 갈등과 배제의 정치 문화인지를 평가한다. 다섯 번째는 시민의 자유이다. 시민의 자유가 얼마나 보장되고 자유로운지를 평가한다. 총 다섯 가지 기준에 의해 측정된 평균 점수가 8보다 크면 '완전한 민주주의full democracy', 6~8점 사이면 '결함이 있는 민주주의flawed democracy', 4~6점 사이면 '민주주의와 권위주의의 혼합 체제hybrid regime', 4점 보다 낮으면 '권위주의 체제authoritarian regime'로 구분한다.

다음의 〈2023년 민주주의 지표〉는 2023년 민주주의에 대한 평가를 지표로 나타낸 것이다. 조사 대상 167개국 가운데 14.4%인 24개국만이 '완전한 민주주의' 군에 포함되었다. 민주주의를 제대로 구현하는 나라가 많지 않다는 것을 알 수 있다. 2023년 한국은 평균 8.09, 22위로 완전한 민주주의 군에 포함되었다. 다만 정치 문화에 대한 점수는 6.25로 상대적으로 낮게 평가되었다. 정치 양극화와 갈등

| | 합계 | 순위 | 전년도 대비 순위 변동 | 선거 과정과 다원주의 | 정부 기능 | 정치 참여 | 정치 문화 | 시민의 자유 |
|---|---|---|---|---|---|---|---|---|
| | | | | 완전한 민주주의 | | | | |
| 노르웨이 | 9.81 | 1 | 0 | 10.00 | 9.64 | 10.00 | 10.00 | 9.41 |
| 뉴질랜드 | 9.61 | 2 | 0 | 10.00 | 9.29 | 10.00 | 8.75 | 10.00 |
| 아이슬란드 | 9.45 | 3 | 0 | 10.00 | 9.29 | 8.89 | 9.38 | 9.71 |
| 스웨덴 | 9.39 | 4 | 0 | 9.58 | 9.64 | 8.33 | 10.00 | 9.41 |
| 핀란드 | 9.30 | 5 | 0 | 10.00 | 9.64 | 7.78 | 9.38 | 9.71 |
| 덴마크 | 9.28 | 6 | 0 | 10.00 | 9.29 | 8.33 | 9.38 | 9.41 |
| 아이슬란드 | 9.19 | 7 | 1 | 10.00 | 8.21 | 8.33 | 10.00 | 9.41 |
| 스위스 | 9.14 | 8 | −1 | 9.58 | 9.29 | 8.33 | 9.38 | 9.12 |
| 네덜란드 | 9.00 | 9 | 0 | 9.58 | 8.93 | 8.33 | 8.75 | 9.41 |
| 대만 | 8.92 | 10 | 0 | 10.00 | 9.29 | 7.78 | 8.13 | 9.41 |
| 룩셈부르크 | 8.81 | 11 | 2 | 10.00 | 8.93 | 6.67 | 8.75 | 9.71 |
| 독일 | 8.80 | 12 | 2 | 9.58 | 8.57 | 8.33 | 8.13 | 9.41 |
| 캐나다 | 8.69 | 13 | −1 | 10.00 | 8.21 | 8.89 | 7.50 | 8.82 |
| 오스트레일리아 | 8.66 | 14= | 1 | 10.00 | 8.57 | 7.22 | 7.50 | 10.00 |
| 우루과이 | 8.66 | 14= | −3 | 10.00 | 8.93 | 7.78 | 6.88 | 9.71 |
| 일본 | 8.40 | 16 | 0 | 9.17 | 8.93 | 6.67 | 8.13 | 9.12 |
| 코스타리카 | 8.29 | 17 | 0 | 9.58 | 7.50 | 7.78 | 6.88 | 9.71 |
| 오스트리아 | 8.28 | 18= | 2 | 9.58 | 7.50 | 8.89 | 6.88 | 8.53 |
| 영국 | 8.28 | 18= | 0 | 9.58 | 7.50 | 8.33 | 6.88 | 9.12 |
| 그리스 | 8.14 | 20= | 5 | 10.00 | 7.14 | 7.22 | 7.50 | 8.82 |
| 모리셔스 | 8.14 | 20= | 1 | 9.17 | 7.86 | 6.11 | 8.75 | 8.82 |
| 한국 | 8.09 | 22 | 2 | 9.58 | 8.57 | 7.22 | 6.25 | 8.82 |
| 프랑스 | 8.07 | 23= | −1 | 9.58 | 7.86 | 7.78 | 6.88 | 8.24 |
| 스페인 | 8.07 | 23= | | 9.58 | 7.50 | 7.22 | 7.50 | 8.53 |
| | | | | 결함이 있는 민주주의 | | | | |
| 칠레 | 7.98 | 25 | −6 | 9.58 | 8.21 | 6.11 | 6.88 | 9.12 |
| 체코 | 7.97 | 26 | −1 | 9.58 | 6.43 | 7.22 | 7.50 | 9.12 |
| 에스토니아 | 7.96 | 27 | 0 | 9.58 | 7.86 | 6.67 | 6.88 | 8.82 |
| 몰타 | 7.93 | 28 | 5 | 9.17 | 7.14 | 6.67 | 8.13 | 8.53 |
| 미국 | 7.85 | 29 | 1 | 9.17 | 6.43 | 8.89 | 6.25 | 8.53 |
| 이스라엘 | 7.80 | 30 | −1 | 9.58 | 7.50 | 9.44 | 6.88 | 5.59 |

**2023년 민주주의 지표**

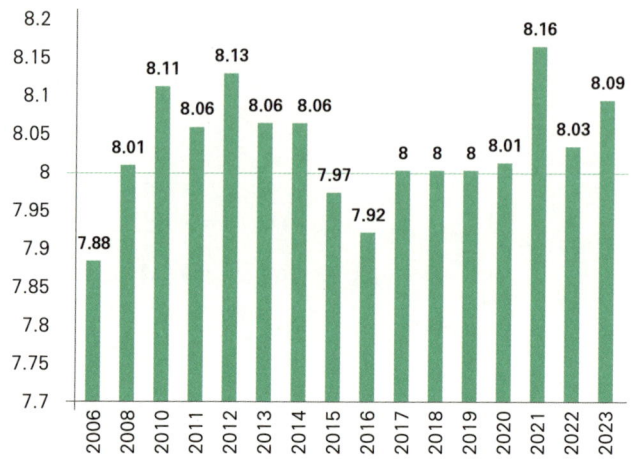

**2006년부터 2023년까지 한국의 민주주의 지표**

이 심각하다는 의미로 읽힌다.

　2023년뿐만 아니라, 2006년 이후 지수 추이를 보면 한국은 일부 등락에도 불구하고 대체로 '완전한 민주주의' 범주에 포함되어왔다. 앞서 살펴본 대로, 완전한 민주주의로 평가받는 나라의 수가 많지 않은 만큼, 한국은 비슷한 시기 민주화를 겪었던 다른 신생 민주주의 국가들과 비교할 때 민주주의를 잘 유지해왔다고 할 수 있다. 이처럼 한국은 경제, 문화, 외교뿐만 아니라 정치적으로도 큰 발전을 이뤄

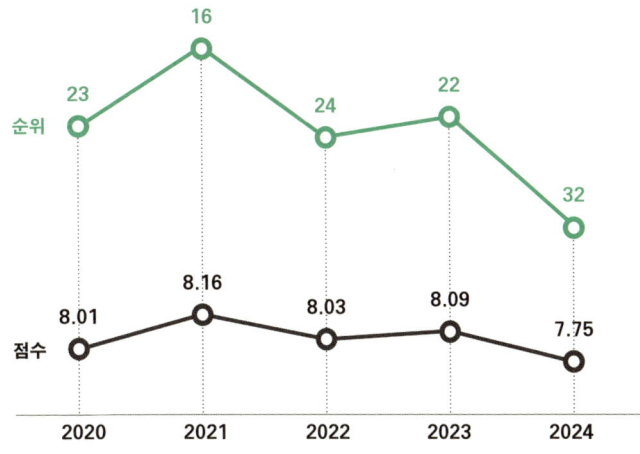

**2020년 이후 한국의 민주주의 지수**

왔다.

그러나 『이코노미스트』의 〈2024년 민주주의 지수〉에 따르면, 한국은 '결함이 있는 민주주의' 범주로 하락했다. 비상계엄 선포와 뒤이은 정치 혼란이 한국 민주주의에 대한 평가를 떨어뜨렸다. 평균값은 7.75로 2006년 이래 가장 낮은 값을 기록했고, 국가별 순위에서도 전년도에 비해 10단계나 하락했다. 특히 '정치 문화' 점수는 5.63으로 대단히 낮은 평가를 받았다. 결국 정치적 양극화와 진영 간 극심한 대립과 갈등이 한국 민주주의를 추락시켰다는 것이다.

왜 갑자기 이렇게 되었을까? 이전이라고 해서 갈등과 대립이 없었던 것은 아니었다. 언제나 정파적 충돌은 있었고 정치는 늘 시끄러웠다. 그래도 우리 민주주의는 비교적 착실하게 진전해왔다. 이전에는 갈등과 정쟁이 생겨도 정치제도는 안정적으로 작동했다. 그런데 왜 지금은 그때와 달리 심각한 위기로 이어졌을까?

이는 그동안 위기로까지 비화하지 않도록 제어해준 제도나 규범에 심각한 문제가 생겼다는 뜻일 것이다. 민주화 이후 잘 지켜져온 규범, 관행, 리더십에 문제가 생겨난 것이다. 그렇다면 오늘날 한국 정치의 모습을 제대로 진단하기 위해서는 과거 민주화가 어떻게 이루어졌고, 어떤 과정을 겪어 현재의 모습에 이르렀는지 돌아볼 필요가 있다. 한국 민주주의의 어제와 오늘을 비교하면서 최근에 발생한 정치적 위기의 원인에 대해 짚어보자.

### 제3의 물결, 민주화의 바람이 불다

1987년 6월 29일, 집권당 민주정의당의 대표위원 노태우가 기자회견장에 나타났다. 6월 항쟁으로 거세진 국민의 민주화 요구에 대한 시국 수습책을 발표하기 위해서였다. 한국 민주화의 첫걸음을 내딛게 된 사건으로 평가받는 6·29 선언은, 국민이 민주화의 전제 조건으로 요구해온 대통령 직선제 개헌을 비롯해, 김대중의 사면 및 복권, 대통령 선거법 개정, 국민 기본권 신장, 언론자유의 창달 등 8개 항을 제시했다. 이렇듯 한국은 6·29 선언과 함께 오랜 권위주의 시대를 넘어 민주화에 진입했다.

그런데 한국이 민주화를 이뤘던 당시 흥미롭게도 전 세계적으로 60개가 넘는 국가들이 비슷한 시기에 민주화 과정을 밟았다. 미국의 정치학자 새뮤얼 P. 헌팅턴Samuel Phillips Huntington은 이처럼 전 지구적으로 확산된 민주화 현상을 '제3의 물결The Third Wave'2이라고 불렀다. '제3의 물결'이라는 표현에서 알 수 있듯이, 헌팅턴은 세계적 민주화의 흐름을 세 단계로 구분했다.

먼저 '제1의 민주화 물결'은 19세기 초에서 제1차 세계 대전의 종전까지 서구권 국가들에서 이루어진 보통, 평등 선거권의 확보를 말한다. 왕족, 귀족, 종교 지도자 등 소수의 특권 계층에게만 정치적 권리가 국한되어 있던 상황에서 벗어나, 대중 선거권의 도입으로 점차 일반 국민에게

1974년 4월 포르투갈 민주화 당시, 수도 리스본에서 군중이 군 전차에 올라 타 민주화를 축하하고 있다.

선거권이 확대되는 것을 제1의 민주화 물결이라고 본 것이다.

'제2의 민주화 물결'은 제국주의 시대에 식민지로 전락하여 정치적 권리를 행사할 수 없었던 피지배 국가의 주민들이, 제2차 세계대전 이후 제국주의의 몰락으로 독립하게 되면서 정치적 권리를 얻은 것을 말한다. 1945년 일본의 패망으로 식민 지배에서 벗어나 정치적 권리를 갖게 되었던 한국 역시 제2의 민주화 물결을 탔다고 볼 수 있다.

'제3의 민주화 물결'은 1970년대 중반부터 1990년대까지 20여 년간 전 세계적으로 발생한 민주화의 흐름을 말한다. 제3의 물결은 남부 유럽 국가들에서부터 시작되었다. 포르투갈, 그리스, 스페인 등에서 시작된 탈권위주의의 흐름은 얼마 지나지 않아 여러 대륙으로 확산되었다. 1974년 4월 '카네이션 혁명'과 함께 40년 이상 포르투갈을 지배했던 독재자 살라자르가 쫓겨나게 되고, 그해 7월 그리스를 지배해온 군부 통치도 종식된다. 3년에 걸친 스페인 내전이 끝난 뒤인 1939년부터 36년간 스페인을 지배한 프랑코 총통이 1975년 11월 사망하면서 스페인도 민주화의 길을 걷게 된다.

포르투갈과 스페인에서의 정치적 변혁은 문화적, 정치적, 경제적으로 영향을 받는 라틴아메리카에 충격을 미쳤다. 오랜 군사독재와 쿠데타로 불평등과 인권 탄압이 계속되었던 브라질은 1979년 이후 단계적인 민주화 정책을 펼치게 되었다. 아르헨티나도 오랜 군정 끝에 1983년 민주적 선거를 실시했고, 우루과이도 1984년 민주화를 달성했다. 이렇게 당시 라틴아메리카의 많은 국가들이 민주화 과정을 거쳤다.

라틴아메리카에서의 정치적 변화는 아시아에도 영향을 미쳤다. 필리핀에서는 1986년 시민혁명을 통해 독재자 마르코스가 쫓겨나게 되고, 대만에서도 1949년부터 1987년까지 선포된 군사 계엄령이 해제되면서 민주화의 첫걸음을 내딛게 된다. 우리나라 역시 1987년에 민주화를 했다.

이후 얼마 지나지 않아 소련과 동유럽 국가의 체제가 무너지면서, 1989년 헝가리의 민주화, 1990년 독일 통일, 1995년 남아프리카공화국의 민주화 등 전 세계적으로 '민주화'의 바람이 불어닥쳤다.

1970년대 중반부터 1990년대까지 남부 유럽, 라틴아메리카, 아시아, 동유럽, 아프리카 등 각 대륙에서 많은 나라들이 민주화를 이뤘으며, 자유민주주의는 전 세계적으로 수용되는 보편적인 체제가 되었다. 이런 세계적 민주화 흐름에 대해 미국의 정치경제학자 프랜시스 후쿠야마Francis Fukuyama는 『역사의 종말The End of History』에서 자유민주주의가 인류가 채택한 정치체제의 최종적 형태가 될 것이라고 보았다. 그는 더 이상 공산주의와 자유민주주의 사이의 이념적 경쟁은 없을 것이라고 선언했다.

> 우리가 목격하고 있는 것은 단순히 냉전의 종식이나 전후 역사의 특정 시기의 종말이 아니라, 역사 그 자체의 종말, 즉 인류 이념 진화의 종착점과 인류의 최종 정부 형태로서 서구 자유민주주의의 보편화일시도 모른다.[3]

후쿠야마의 글에서 알 수 있듯이 당시에는 자유민주주의 체제로의 수렴, 즉 세계적인 수준에서 안정적인 민주주의로의 진전에 대한 낙관적 기대감이 있었다.

그러나 우리의 역사만 되돌아봐도, 민주화가 됐다고 해서 그것이 저절로 이후의 민주적 진전이나 공고화를 보장해주지 않는다는 것을 알 수 있다. 한국은 해방으로 식민지에서 벗어났고, 1948년 대한민국 정부 수립과 함께 제2의 민주화 물결을 탔다. 1948년 제헌헌법에서의 민주공화국과 보통 선거권 규정을 살펴보자.

제헌헌법은 대한민국이 민주 공화정임을 명확히 했고, 자유, 인권, 정치적 평등 등 기본권을 보장했으며 보통 선거권도 이때 규정했다.


제1조 대한민국은 민주공화국이다.

제2조 대한민국의 주권은 국민에게 있고 모든 권력은 국민으로부터 나온다.

⋮

제8조 모든 국민은 법률 앞에 평등이며 성별, 신앙 또는 사회적 신분에 의하여 정치적, 경제적, 사회적 생활의 모든 영역에 있어서 차별을 받지 아니한다. 사회적 특수계급의 제도는 일체 인정되지 아니하며 여하한 형태로도 이를 창설하지 못한다. 훈장과 기타 영전의 수여는 오로지 그 받은 자의 영예에 한한 것이며 여하한 특권도 창설되지 아니한다.

⋮

제32조 국회는 보통, 직접, 평등, 비밀선거에 의하여 공선된 의원으로써 조직한다. 국회의원의 선거에 관한 사항은 법률로써 정한다.

그러나 한국은 그 이후 권위주의 체제로 전락하고 말았다. 이승만 대통령의 장기 집권이 4·19 혁명과 함께 막을 내렸지만, 다시 5·16 군사정변이 발생했다. 특히 1972년의 유신체제나 그것을 이어받은 제5공화국은 정치적으로 대단히 억압적인 권위주의 체제였다. 이처럼 우리가 올라탄 제2의 민주화 물결은 민주주의의 몰락으로 끝이 났다.

그리고 1987년, 한국은 제3의 민주화 물결을 맞이하게 되었다. 과거와 달리 이후의 한국은 앞서 살펴본 대로 안정적인 민주적 공고화를 이뤄냈다. 군사 쿠데타, 체제 부정적 극단주의 세력의 부상, 사회 질서를 흔드는 대규모 폭동과 같은 민주 질서를 위협하는 사건은 일어나지 않았다. 그런데 민주화 이후 40여 년에 달하는 지난 2024년 12월, 제3의 물결 이후 가장 심각한 정치적 위기가 발생했다. 그동안 큰 어려움 없이 민주주의가 유지되었는데, 왜 이제 와서 이런 일이 생겨난 것일까?

이에 대한 답을 찾기 위해서는 우선 한국의 민주화 과정에 대해 살펴봐야 한다. 한국이 민주주의를 어떻게 이뤘는지 그 기원을 알아야 이후에 전개된 민주적 공고화의 과정을 이해할 수 있기 때문이다. 한국의 민주화는 1987년 6·29 선언과 함께 시작되었다. 하지만 6·29 선언은 최종 결과물일 뿐 거기에 도달하기까지의 여정과 그 선언이 갖는 의미에 대해 이해할 필요가 있다.

# 1987년, 민주화는
# 어떻게 이루어졌나


## 유신체제, 힘의 질서가 붕괴되다

1979년 10월 26일, 박정희 대통령이 세상을 떠났다. 18년
간 나라를 통치해온 독재자가 갑자기 죽으면서 권력의 공
백이 생겨났다.[4] 정상적인 정치체제였다면 미국의 부통령
처럼 법적 절차에 따라 권력 계승이 이뤄졌을 것이다. 의
회제 국가라면 집권당 내에서 새로운 지도자를 뽑았을 것
이다.

하지만 유신체제는 대통령, 박정희 한 사람만을 위한 것
이었다. 유신체제는 박정희 1인을 위한 독재체제였기에,
그의 죽음은 곧 체제의 몰락을 의미했다. 유신체제에서는
어떠한 대안도, 후계자도 미리 마련해둘 수 없었다. 권력의

누수가 생겨날 수 있는 후계자, 2인자의 존재는 한 사람에게 권력을 집중시킨 체제에서는 절대로 용납될 수 없는 것이다.

그렇다고 해도 박정희 체제에서 후계자가 될 만한 인물을 꼽으라면 김종필을 생각해볼 수 있다. 그는 1961년 5·16 군사정변의 설계자이자 집권당인 민주공화당의 창당 주역임에도 불구하고, 유신체제에서 철저히 소외되었다. 1972년 유신헌법 개정 당시 김종필은 국무총리였지만 이에 대해 아무것도 알지 못했고, 그 이후에도 주요 정책 결정 과정에서도 배제되어 있었다.

정당은 권력을 재생산하는 기능을 갖는다. 하지만 박정희 대통령이 사망했을 때 여당이었던 민주공화당은 그만한 영향력을 갖지 못했다. 유신헌법은 '통일주체국민회의'라는 명목뿐인 기구를 통해 간선으로 대통령을 선출하도록 했다. 국민이 직접 참여하는 대통령 선거가 사라지면서, 지지를 동원하는 정당의 역할은 크게 약화했다.

국회의원 선거도 마찬가지다. 의원 정수의 3분의 1은 대통령이 직접 지명해서 임명했다. 나머지 3분의 2도 한 선거구에서 두 명씩 선출하도록 하면서, 여당과 야당 후보가 각각 한 명씩 동반 당선이 되도록 의도했다. 결국 대통령은 전체 의석의 3분의 2를 안정적으로 확보할 수 있었다. 그만큼 선거의 중요성은 사실상 사라지게 되었다. 결국 이런 체제에서는 대통령의 뜻을 받들어 실행하는 관료 세력과 유신체제를 물리적으로 수호해온 군부의 중요성이 커지기 마련이다. 그리고 박정희의 죽음으로 인한 권력 공백기에 일차적으로 질서를 이끌어갈 힘도 이들에게서 나올 수밖에 없었다.

더욱이 유신체제는 내부의 분열로 인해 몰락했다. 대중의 항거나 국민의 강한 저항과 같은 외부의 힘에 의해 무너진 것이 아니었다. 박정희 체제의 몰락을 직접적으로 이끈 외부의 주도 세력이 없었기 때문에, 유신체제 외부에서 이후의 상황을 이끌 대안적 정치 주체를 찾기도 어려웠다. 이로 인해 10·26 사건 이후의 정국은 유신체제를 지탱해온 군부와 관료 세력에 의해 주도되었다.

이 두 세력 가운데 위기 상황에서 보다 큰 힘을 행사할 수 있는 쪽은 당연히 군부였다. 정승화 육군참모총장 겸 계엄사령관으로 대표되는 군부는 박정희 죽음 이후의 정국을 운영하는 데 관료 세력과 협력했다. 하지만 당시 군 내부는 서로 다른 입장을 지닌 두 세력으로 분열되어 있었다. 하나는 정승화를 중심으로 하는 구군부 세력이었고, 다른 하나는 전두환 보안사령관을 중심으로 하는 신군부 세력이었다.

육군사관학교가 정규 4년제로 개편된 이후 첫 졸업생인 전두환(육사 11기)을 비롯한 신군부 세력은 강한 엘리트 의식을 지니고 있었다. 이들은 선배들에 대해 우월감을 느끼고 있었으며, 언젠가는 이들을 밀어내고 자신들이 군을 주도해야 한다고 생각해왔다. 이러한 군 내부 갈등이 권력 공백기라는 특수한 상황 속에서 마침내 폭발했다. 그것이 바로 12·12 군사반란 사건이다.

12·12 사건은 박정희 대통령 시해 사건의 합동수사본부장이었던 전두환 보안사령관이, 10·26 사건 수사를 명분으로 정승화 계엄사령관을 대통령의 결재도 받지 않은 채 불법적으로 연행하면서 벌어진 사건이다. 이는 전두환을 중심으로 한 신군부가 군 통치권을 장악하기 위해 일으킨 하극상의 군사반란이었다. 이 사건을 계기로 전두환의 신군부 세력은 구군부를 제압하고 군권을 장악했다. 이후 전두환은 정치권력까지 장악하면서 권력자로 떠오르고 마

침내 제5공화국을 출범시킨다. 이처럼 전두환 정권은 본질적으로 유신체제의 틀 안에서 등장했으며, 그 성격 또한 유신의 연장선에 있었다.

### 민주화를 향한 변곡점, 제5공화국

종종 간과하기 쉽지만, 사실 전두환이 통치한 기간은 짧지 않다. 그는 민주화 이후 새로운 정부의 출범 하루 전인 1988년 2월 24일까지 권력의 정점에 있었다. 1979년 10·26 사건을 그가 정치적으로 부상한 시점으로 본다면, 그 기간은 무려 8년 4개월에 이른다. 그렇다면 이 짧지 않은 시기는 정치사적으로 어떤 의미를 갖는 것일까?

이 시기의 의미를 헤아려볼 수 있는 한 가지 단서는 전두환의 통치 기간을 겪고 나서야 한국이 민주화를 이뤄낼 수 있었다는 사실이다. 유신체제가 무너졌지만 '서울의 봄'은 짧았고, 한국은 또 다른 군부 권위주의 체제하에 놓여 있어야 했다. 이와 달리 전두환 정권하에서는 민주화운동이 훨씬 치열했고 마침내 1987년에는 민주화도 성취했다. 결국 전두환 정권의 정치사적 의미를 찾기 위한 질문은 이렇게 요약해볼 수 있다. "왜 1979년에는 민주화가 안 됐고,

1987년에는 가능했을까?" 이에 대한 답을 찾기 위해서는 이 시기에 벌어진 사건들과 민주화 과정의 면면을 살펴볼 필요가 있다.

12·12 사태 이후 신군부가 사실상 권력을 장악했지만, 형식적으로는 여전히 최규하 대통령을 중심으로 한 유신 관료 집단이 통치를 담당하고 있었다. 이들을 군사력으로 제압하고 전두환과 신군부가 실질적인 지배 세력으로 부상하게 된 계기가 바로 5·17 비상계엄 확대 조치이다.

1980년 5월 17일, 당시 계엄령은 이미 내려져 있었다. 10·26 사건 직후 내려진 계엄령은 제주도를 제외한 전국이 그 대상이었다. 전두환의 5·17 조치는 계엄의 대상을 제주도를 포함한 전국으로 확대한 것이었다. 그렇다면 계엄의 전국 확대는 어떤 차이를 만들어내는 것일까?

계엄령에는 두 가지 형태가 있다. 하나는 '부분 계엄'이고, 다른 하나는 '전국 계엄'이다. 부분 계엄의 경우, 기존의 통치 체계가 그대로 유지된다. 즉, 국방부 장관—국무총리를 거쳐 대통령으로 이어지는 정상적인 지휘 계통의 틀에서 계엄사령관의 역할이 규정된다. 그러나 전국 계엄이 선포되면 중간 단계가 생략되고, 계엄사령관은 대통령의 직접 명령만을 받는 구조가 된다. 이런 상황에서 군부가 대통령을 그들의 영향력 아래에 두게 되면, 계엄사령관을 통해 국가 권력 전반을 군이 장악할 수 있게 된다.

1980년 5월 17일, 전두환은 학원 소요와 북한의 남침 가능성을 명분으로 내세워 전국으로 계엄을 확대했다. 계엄 확대 조치는 헌정을 무시하고 군부가 주도하는 새로운 정치체제를 수립하기 위한 쿠데타였다. 이와 함께 정치 활동을 전면 중단시키고, 김대중을 포함한 정치인들과 비판적 인사들을 연행했다. 이후 신군부는 국회 기능을 강제로 정지시키고, '국가보위비상대책위원회'를 설치하여 사실상의 군사정부를 세웠다.

1980년 5월 18일, 전두환의 5·17 비상계엄 확대에 반대하는 시위가 광주에서 일어났다. 계엄군은 시위를 매우 강경하고 잔혹하게 진압했다. 이로 인해 학생들과 시민들의 분노가 커졌고, 이는 곧 시민과 계엄군 간의 무력 충돌로 번졌다. 결국 전면적인 군사작전을 통해 광주 시민들의 저항을 무력으로 진압했다. 이 과정에서 수많은 민간인이 희생되었고 광주는 지울 수 없는 아픈 상처를 입게 되었다.

하지만 광주항쟁은 한국 민주화에 지대한 영향을 미쳤

다. 국민을 지키기 위해 존재하는 군대가, 신군부의 권력 찬탈을 위해 동원되어 무고한 시민을 학살한 사실은 군에게도 깊은 상처를 남겼다. 군에 대한 신뢰는 심각하게 실추되었고, 군 내부에서도 많은 이들이 자신의 명예와 자긍심이 훼손된 일을 괴로워했다.

광주 시민의 희생은 민주주의의 본질과 군의 역할을 근본적으로 되묻게 한 중대한 사건이었다. 광주가 남긴 분노와 상처는 잊히지 않았고, 훗날 1987년 6월 항쟁으로 이어지는 민주화의 동력으로 작용하게 된다.

1980년 8월 27일, 전두환은 최규하 대통령을 사실상 강제로 퇴진시키고 대통령직에 올랐다. 이후 헌법을 개정해 1981년 3월에는 제5공화국의 대통령으로 정식 취임했다. 그러나 대학가를 중심으로 전두환 체제에 대한 저항이 발생했고, 정권은 이들을 무자비하게 탄압했다.

그러나 1983년을 전후해 전두환 정권은 이른바 '유화 조치'를 취했다. 정치 활동이 금지된 정치인들을 부분적으로 해금하고, 구속되었던 학생들이 학교로 복귀시켰다. 해직됐던 교수들도 강단에 다시 설 수 있게 되었다. 또한 대학 캠퍼스 안에 상주하며 학생들의 활동을 감시하던 경찰도 철수했다.

전두환 정권이 이 같은 유화 정책을 취한 배경에는 경제 안정에 대한 자신감이 있었기 때문이었다. 박정희 정권 말기부터 시작된 경제 침체는 1980년 사상 최초의 마이너스 성장으로 이어졌다. 전두환 정부는 강력한 물가 안정 정책을 추진했고, 물가가 안정되면서 소비자 심리가 회복되었다. 경제성장률도 다시 상승하기 시작했다. 무역수지도 흑자를 기록했고, 국민소득도 증가했다. 이러한 경제적 성과는 정치적 유화 조치를 취하게 한 자신감의 기반이 되었다.

아울러 1984년에는 교황 요한 바오로 2세의 방한이 예정되어 있었고, 1985년에는 국회의원 총선거, 1986년에는 서울 아시안 게임이 예정되어 있었다. 전두환 정권은 국제 사회의 시선도 의식할 수밖에 없었다. 유화 조치는 정권의 경제적 자신감과 국제적 환경 변화 속에서 이뤄진 일종의 '관리된 개방'이었다.

### '정치적 타협'과 대통령 직선제

전두환 정권이 유화 조치를 취하기 시작한 1983년에는 민주화 과정에서 의미 있는 변화도 시작되었다. 1983년 5월

18일, 김영삼 전 신민당 총재가 단식 농성에 돌입했다. 김영삼은 5·18 광주민주화운동 3주기를 맞아, 희생자를 추모하고 군사독재에 항거한다는 뜻에서 무기한 단식에 들어갔다.

당시 검열을 받았던 언론은 정부의 보도지침에 따라 이 사실을 제대로 알릴 수 없었지만, 김영삼의 단식은 23일간 이어지며 정치적으로 중대한 파장을 일으켰다. 무엇보다 이 사건을 계기로 1980년 '서울의 봄' 당시, 분열해서 서로 경쟁했던 김영삼과 김대중이라는 두 정치 지도자가 다시 손을 맞잡게 된다. 민주화운동이 전환점을 맞이하게 된 것이다.

김대중은 1980년 5·17 쿠데타 이후 내란 음모 혐의로 사형을 선고받은 뒤, 1982년 석방되어 미국에 망명 중이었다. 미국에서 그는 김영삼의 단식을 지지하고 동조하는 활동을 펼쳤고, 언론을 통한 지지 성명을 발표하는 등 연대의 뜻을 명확히 했다. 이로써 한동안 갈라졌던 민주화운동의 두 축이 다시 힘을 모으게 되었고, 이후 이어지는 거대한 민주화운동의 흐름에 불을 붙이는 계기가 되었다.

1983년 8월 15일, 김영삼과 김대중은 '8·15 공동선언'

**1983년 6월 4일, 미국 망명 시절 김영삼 지지 시위를 했던 김대중의 모습이다.**
ⓒ 연세대학교 김대중도서관

을 통해 민주주의 회복과 대통령 직선제 도입이라는 공동의 목표를 내세우며, 분열됐던 야권 세력과 민주화운동 세력의 결집을 천명했다. 그리고 김영삼 단식 1년 후인 1984년 5월, 김영삼·김대중계 인사들이 주축이 되어 '민주화추진협의회(이하 민추협)'를 결성하면서, 본격적인 민주화 활동에 나서게 되었다.

민추협은 활동 초기부터 '대통령 직선제 개헌'을 핵심 정치 의제로 내세우며 전두환 정권이 만들어놓은 정치체제에 정면으로 도전했다. 대통령 직선제 개헌은 단순한 정치개혁의 요구를 넘어서는, 정권의 정당성과 권위주의 질서에 대한 근본적인 문제 제기였다.

민추협 창립 이듬해인 1985년 초에는 국회의원 선거가 예정되어 있었다. 민추협은 다가올 1985년 12대 총선 참여 여부를 두고 내부적으로 입장이 갈렸다. 총선 참여에 반대하는 측은 선거에 나가봐야 정권의 들러리 역할에 그칠 것이라는 입장이었고, 총선 참여에 찬성하는 측은 선거라는 기회가 열렸는데 이를 적극 활용해야 한다는 입장이었다. 격론을 벌인 끝에 민추협은 정당을 창당해, 총선에 참여하기로 결정했다. 그러나 선거일까지 시간이 촉박했고,

조직 기반도 약했기 때문에 상당한 어려움을 안고 출발할 수밖에 없었다.

1985년 2월 12일에 실시된 제12대 국회의원 선거는 한국 정치사에서 중요한 전환점을 이룬 선거였다. 민추협은 1984년 12월 20일 창당 발기인 대회를 열었고, 1985년 1월 18일, 선거를 불과 한 달도 남기지 않은 시점에 신한민주당을 공식 창당했다. 본래 과거 야당이었던 '신민당'의 이름을 그대로 사용하려 했으나, 과거에 썼던 정당의 명칭을 재사용하는 것이 금지되었다. 결국 '신한민주당'이라는 명칭을 채택했고, 약칭은 '신민당'으로 부르기로 했다.

신한민주당은 한겨울의 추위 속에서 진행된 선거 운동 과정에서 국민의 큰 호응을 얻었다. 당시 선거 유세는 지역의 초·중학교 운동장에서 합동 연설회 형식으로 열렸는데, 유세장마다 수많은 시민이 몰렸다. 그 자리에서 신한민주당 후보들은 정치적 억압 속에서 억눌린 목소리를 거침없이 터뜨렸다. "석사 위에 박사, 박사 위에 육사"와 같이 군사정권을 풍자하는 구호도 등장했고, 기존 야당을 '여당의 2중대, 3중대'로 비판하는 표현도 나왔다.

모두의 예상을 뛰어넘는 선거 결과가 발표되었다. 신생

민주화추진협의회 개소식에 참여한 김영삼 민추협공동의장의 모습이다.
© 김영삼민주센터

야당인 신한민주당이 67석을 획득하며 제1야당으로 급부상한 것이다. 특히 신한민주당은 정치의식이 상대적으로 높은 6대 도시 29개 선거구 중 28곳에서 승리했다.

반면 기존 야당들은 큰 타격을 입었다. 민주한국당(민한당)은 71석에서 35석으로, 제2야당이었던 한국국민당은 27석에서 20석으로 줄었다. 여당 민정당은 기존 의석을 거의 그대로 유지했지만, 야당의 정치 지형이 근본적으로 재편되면서 전두환 정권이 짜놓은 정치질서는 이제 위협을 받기 시작했다.

무엇보다 전두환 정권이 구축했던 관제 야당 체제는 사실상 붕괴했다. 민한당은 과거 신민당계 인사들을 주축으로 한 체제 순응적인 야당이었고, 국민당은 공화당과 유정회 출신들이 주도했기 때문에 '준여당'으로까지 불렸다. 이런 상황에서 신한민주당은 정권에 맞서는 자생적·체제 저항적 야당으로 등장하면서, 유권자들의 정치적 불만과 민주화 열망을 안은 새로운 대안 세력으로 급부상하기 시작했다. 신한민주당의 정치적 부상은 민주화를 향한 움직임을 촉진시켰다.

# 절차적 민주주의가
# 확립되다

### 호헌 철폐, 독재 타도

"내 손으로 대통령을 뽑자."

지금은 너무나 당연한 말이지만, 1980년대 중반까지만 해도 한국 사회에서는 꿈같은 요구였다. 1972년 유신체제 수립 이후, 대통령은 국민이 직접 선출할 수 없었다. 통일 주체국민회의 대의원이나 선거인단이 체육관에 모여 미리 정해진 후보에게 요식 행위로 형식적인 투표를 통해 승인 하는 방식이었다.

이들 대의원은 별도로 국민이 선출하는 과정을 거치기 는 하지만, 실제로는 정권이 사전에 내정한 친정부 인사 들이었다. 예컨대 1972년 대통령 선거에서 박정희는 대의원 2,359명 중 2,357표(무효 2표)를 얻었고, 1978년에는 2,578명 중 2,577표(무효 1표)로 당선되었다. 북한에서 치르는 선거와 별로 다르지 않던 시절이었다.

전두환 역시 같은 방식으로 대통령이 되었고, 이후 헌법을 개정해 '선거인단' 방식의 간접 선거제를 도입했다. 외형상 선거제도는 바뀌었지만 본질적으로는 유신체제의 통일주체국민회의 방식과 다를 바 없었다. 그래서 이런 선거 방식들은 '체육관 선거'라는 조롱을 받았다.

이 같은 배경에서 "내 손으로 대통령을 뽑자"는 구호는 단순하지만 강력한 정치적 호소력을 갖게 된다. 단지 선거 방식의 변화만을 요구하는 것이 아니라, 민주주의의 회복과 국민 주권의 실현을 요구하는 외침이었다. 더욱이 이 구호는 급진적이거나 과격한 정치 변화가 아닌, 상식적이고 실현 가능한 요구였기 때문에 시민들의 폭넓은 공감과 지지를 얻을 수 있었다.

1985년 제12대 총선은 과격하고 급진적인 정치 변혁 없이도 기존 제도의 틀 안에서 민주주의를 향한 변화가 가능하다는 희망을 시민들에게 심어주었다. 유권자들은 신한민주당의 등장 속에서 정치적 자유화의 가능성을 보았고,

변화의 구심점이 제도권 정치 안에서 형성될 수 있음을 확인했다. 신한민주당은 그러한 변화를 이끌어낼 믿을 만한 대안 세력으로 주목받기 시작했다.

신한민주당은 총선 이듬해인 1986년 2월부터 '천만인 개헌 서명운동'을 벌였다. 대통령 직선제 개헌에 대한 국민적 지지를 확산하고 전두환 정권을 압박하기 위한 시도였다. 전국을 순회하며 진행된 서명운동은 시민들의 큰 호응을 얻었다. 이러한 분위기 속에 전두환 정권도 개헌 문제에 대해 유화적인 제스처를 보였다.

전두환 대통령은 1986년 4월 30일 노태우 민정당 대표, 이민우 신한민주당 총재, 이만섭 국민당 총재 등 여야 3당 대표와의 회동에서 여야 합의가 이루어진다는 전제하에 자신의 임기 중 개헌을 수용할 수 있다는 입장을 밝혔다. 이로 인해 개헌에 대한 국민의 기대감은 더욱 높아졌다.

6월에는 국회에 헌법개정특별위원회가 설치되면서 제도권 안에서 개헌 논의가 본격적으로 시작되었다. 그러나 정부 형태에 대한 여야 간 입장 차이로 개헌 논의는 지지부진했고, 개헌특위는 사실상 개점휴업 상태가 되었다. 이에 신한민주당은 1986년 말부터 다시 장외 투쟁에 나서게 된다.

그런데 이듬해 1987년 4월 13일, 전두환 대통령은 갑작스러운 성명 발표를 통해 기존의 개헌 수용 입장을 돌연 번복했다. 그는 "여야가 개헌에 합의하지 못한 채 많은 시간이 흘렀다"는 이유를 들어, 자신의 임기 중 개헌이 어렵게 되었고 현행 헌법에 따라 대통령을 선출하겠다고 선언했다. 개헌 논의는 1988년 서울올림픽 이후로 미루겠다고 발표한 것이다. 이것이 바로 '4·13 호헌 조치'다.

호헌 조치는 그간 개헌의 가능성을 기대하며 묵묵히 지켜보던 시민들의 희망을 단숨에 무너뜨렸다. 그리고 그 실망은 곧 분노로 번졌다. 역설적으로 전두환의 호헌 선언은 오히려 "직선제 개헌이 반드시 필요하다"는 국민 여론을 폭발시키는 결과를 낳았다.

이 같은 사회 분위기에서 정권을 더욱 궁지로 몰아넣는 결정적 사건이 발생하게 된다. 1987년 1월, 서울대생 박종철 군이 경찰 고문으로 사망하자 경찰은 이 사건을 감추려고 했다. 검안 의사의 증언과 동아일보를 중심으로 한 언론 보도로 진실이 세상에 드러나게 되었고, 같은 해 5월 18일, 명동성당 미사에서 김승훈 신부가 박종철 고문치사 사건이 축소·조작되었다고 폭로했다. 이 폭로는 전두환 정권에 대한 시민의 분노가 폭발하게 되는 도화선이 되었다. 대학생을 고문해서 죽음에 이르게 한 것만으로도 용서하기 힘든 일인데, 대충 덮고 넘어가기 위해 사건을 조작, 은폐했다는 것이다.

전두환 정권의 도덕성은 뿌리째 흔들리게 되었다. 4·13 호헌 선언으로 대통령 직선제 개헌에 대한 기대가 좌절된 상황에서, 정권의 부도덕성이 박종철 사건의 축소, 은폐를 통해 다시 부각되면서 국민의 분노는 걷잡을 수 없이 확산되었다. 그리고 이 분노는 1987년 6월 항쟁으로 이어지게 된다.

6월 10일은 노태우를 대통령 후보로 지명하기 위한 민주정의당 전당대회의 개최일이었다. 민주화운동 세력의 연합체인 '호헌철폐 민주헌법쟁취 국민운동본부(국본)'는 이날을 '국민 저항의 날'로 선포하고, 전국적인 항쟁을 촉구했다. 대학생뿐 아니라 직장인, 주부, 일반 중산층 시민들까지 전국에서 수백만 명이 시위에 참여했다.

시위의 규모가 워낙 방대해지자 경찰력만으로는 통제가 어려웠다. 1979년 부마항쟁, 1980년 광주항쟁과 같이 과거와 같았으면 군대를 투입해 진압을 시도했을 것이다. 전두환 대통령 역시 6월 항쟁 당시 군 투입을 진지하게 검토했다. 1987년 6월 19일 오전 10시 30분, 전두환은 청와대에서 안기부장, 국방부 장관, 3군 참모총장, 수방사령관, 보안사령관 등 군 수뇌부를 소집해 비상조치를 전제로 한 병력 배치 계획을 논의했다.

그러나 군은 끝내 동원되지 않았다. 전두환이 군을 출동시키지 않은 것이 아니라, 그렇게 할 수 없었다. 그 이유 중 하나는 미국의 강력한 반대였다. 레이건 대통령은 주한미국대사 제임스 릴리를 통해 '군 동원은 절대 불가'라는 입장을 전두환에게 진달했다. 국무부 고위 당국자들도 한국을 직접 방문해 같은 뜻을 분명히 했다. 미국은 광주항쟁 당시 군 개입 문제로 비판받았고, 그 여파로 반미 감정이 확산된 전례를 의식하고 있었다.

군을 정치적 목적으로 동원하지 못한 데에는 미국의 강력한 반대도 있었지만, 보다 결정적인 이유는 따로 있었다. 군 내부의 이탈 가능성 때문이었다. 즉, 전두환 정권이 무리하게 군을 출동시켰다면, 군은 시민을 무력으로 진압하려고 하기보다 오히려 정권을 향해 총부리를 겨누는 사태가 벌어질 수 있었다.

당시 민정당 최고위원이었던 노태우조차 군의 동원이 정권의 붕괴로 이어질 수 있다고 보았다. 군이 실제로 투입되었을 때, 과연 그들이 누구의 편에 설지 장담할 수 없다는 것이었다.[5] 이런 우려는 전두환에게도 전해졌다. 실제로 여러 측근이 군 동원의 위험성을 전두환에게 진언했고, 전두환 역시 군을 투입하라는 명령이 자신을 향한 쿠데타로 이어질 수 있다는 사실을 인식하고 있었다.[6] 결국 전두환 정권은 군의 물리력에 의존하지 못한 채, 다른 대안을 모색할 수밖에 없었다.

이처럼 6월 항쟁 당시 군을 동원하지 못했던 가장 본질적인 이유는, 바로 광주 시민의 희생이 남긴 역사적 교훈 때문이었다. 1980년 광주의 상처는 1987년의 민주주의를 지키는 방패가 되었다. 그렇게 광주 시민의 희생과 아픔이 6월 항쟁 당시 군의 동원을 불가능하게 만들었다.

1980년 5월, 사실상 쿠데타였던 5·17 계엄 확대에 저항하는 광주 시민들을 군사력으로 진압했고, 그 과정에서 수많은 무고한 시민들이 희생되었다. 이 참혹한 진압은 광주 시민들에게 지울 수 없는 아픔을 남겼을 뿐 아니라, 국가를 지킨다는 자긍심을 지녔던 군인에게도 자랑스럽지 못한 기억으로 남았다.

만약 6월 항쟁을 막기 위해 군을 다시 투입했다면, 군은 그 명령에 따라 또다시 시민들에게 총부리를 겨냥할 수밖에 없게 된다. 광주항쟁을 경험한 시민들의 분노와 저항은 더욱 거세질 것이고, 그로 인한 양 진영의 충돌은 광주에서보다 더 큰 희생으로 이어질 가능성이 컸다. 더욱이 6월 항쟁은 특정 지역에 국한된 것이 아니라 서울을 비롯한 전국 대도시에서 동시다발적으로 일어난 전국적 저항이었다.

이제 군부 권위주의는 군의 물리력에 정권의 안보를 의존할 수 없는 상황에 몰리게 되었다. 전두환 정권이 정치적 위기에서 벗어나는 방법은 정치적 타협 이외엔 다른 선택지가 없었다. 그 타협의 결과가 바로 1987년 6월 29일, 노태우의 대통령 직선제 수용 선언인 6·29 선언이다. 이는 군부 권위주의 정권이 민주화에 대한 국민의 강한 요구에 정치적으로 항복을 선언한 사건이자, 대한민국이 마침내 민주화로 향하는 결정적 전환점이었다.

유신체제의 몰락 이후 6·29 선언까지 이어지는 과정을 되짚어보면, 제5공화국 시기의 두 가지 사건이 민주화에 결정적 영향을 미쳤음을 알 수 있다. 하나는 1985년 12대 총선으로, 이는 민주화에 대한 국민의 열망을 하나로 결집시키는 계기가 되었다. '내 손으로 대통령을 뽑자'는 시대적 요구를 제도 정치의 언어로 옮긴 전환점이었다.

또 다른 중요한 사건은 광주항쟁이다. 민주화를 요구한 광주 시민들의 고귀한 희생은 권위주의 정권이 군사력을 통해 시민의 요구와 저항을 더 이상 억누를 수 없도록 만들었다. 광주항쟁은 군부 권위주의의 통치를 지속시켜온 물리적 강제력을 무력화시켰다. 광주항쟁이 권위주의 체제의 창과 칼을 무디게 만들었다면, 1985년 12대 국회의원 선거는 권위주의 체제를 겨냥한 저항의 창과 칼을 벼리게 했다.[7]

여기에 한 가지 요인을 더 든다면, 그것은 바로 중산층의 성장과 사회 구조의 변화였다. 1980년대 들어 한국은 산업화의 진전을 바탕으로 국민소득이 높아지고, 도시화가 가속화되었으며, 대학 교육을 받은 고등교육자의 수도 급격히 늘어났다. 그들은 표현의 자유, 정치 참여, 법 앞의 평등과 같은 민주주의의 기본 가치들을 시민의 당연한 권리로 간주하기 시작했다. 특히 도시의 화이트칼라, 고학력

청년층, 전문직 종사자들은 일상에서 마주치는 불합리한 권위주의 통치에 피로감을 느끼며, 체제 변화에 대한 열망을 키워갔다.

사회를 떠받치는 주역으로 떠오른 중산층은 더 이상 권위주의 체제에 안주하려고 하지 않았다. 중산층의 의식 변화는 1985년 12대 총선을 통해 분출되었고, 1987년 6월 항쟁에서 연대된 힘으로 폭발했다. 이처럼 변화한 사회 구조와 고양된 시민의식은 권위주의 체제를 더 이상 참고 받아들이지 않았고, 민주화를 향한 강한 열망을 드러냈다. 권위주의 정권은 더 이상 군이라는 강제력만으로 체제를 유지할 수 없게 되었다. 결국 군부 권위주의는 한걸음 물러나면서 정치적 타협을 선택했다.

## 6 · 29 선언과 민주화의 의미

1987년 6월 항쟁은 대한민국 민주주의의 분기점이었다. 그 결과로 발표된 6·29 선언은 권위주의 체제가 국민의 민주화 요구를 수용한 역사적 타협이었다. 6·29 선언의 주요 내용은 다음과 같다.

① 대통령 직선제 개헌을 통한 1988년 2월 평화적 정권 이양

② 대통령 선거법 개정을 통한 공정한 경쟁 보장

③ 김대중의 사면 복권과 시국 관련 사범들의 석방

④ 인간 존엄성 존중 및 기본 인권 신장

⑤ 자유 언론의 창달

⑥ 지방자치 및 교육자치 실시

⑦ 정당의 건전한 활동 보장

⑧ 과감한 사회정화 조치의 단행

이 가운데 핵심 내용은 대통령 직선제 개헌이었다. 이는 1985년 12대 총선 이후 민주화운동을 이끌어온 핵심 어젠다였다. 김대중의 사면 복권 역시 정치적으로 매우 상징적인 결정이었다.

김대중은 1980년 5·17 계엄 확대 조치 이후 광주항쟁의 배후로 몰려 사형 선고를 받았다. 이후 무기징역으로 감형되어 복역 중 형 집행 정지로 미국으로 망명했다. 1985년 귀국 후에는 가택연금 상태였으며, 정치 참여를 위한 공민권도 박탈당한 상태였다. 군부는 그에 대해 강한 거부감을 갖고 있었지만, 6·29 선언을 통해 결국 사면 복권을 단행

했다.

김대중의 사면 복권은 공정하고 정당한 경쟁을 위한 필수 조치였다. 군의 거부감이 크더라도, 김대중과 같은 유력한 야권 인사가 배제된 대선을 공정한 선거라고 보기는 어려웠다.

물론 여기에는 전략적 계산도 깔려 있었다. 김대중의 사면 복권은 야권에 김영삼 이외에 또 다른 영향력 있는 후보를 만들어내는 것이다. 1980년 '서울의 봄'에 그랬던 것처럼, 이 두 사람은 연합하여 단일 후보를 내기보다 각자 독자 출마할 가능성이 컸다. 이렇게 된다면 야권 지지표의 분열로 노태우의 승리 가능성은 높아질 것이다. 이런 정치적 셈법이 있었다고 해도 김대중의 사면 복권은 매우 당연하고 적절한 조치였다.

6·29 선언과 함께 한국은 민주화로 나아가게 되었다. 그런데 '어떤 방식으로 민주화를 이뤄냈는가'는 그 이후 민주주의 진전의 방향과 특성에 영향을 미친다. 앞서 인용한 헌팅턴은 '제3의 민주화 물결'을 탄 국가들의 민주화 유형을 세 가지로 구분했다.[8]

첫 번째는, 위로부터의 민주화transformation이다. 이는 권위주의 체제 내부의 엘리트가 자발적으로 민주화를 추진하는 경우이다. 1987년 7월, 장징궈蔣經國 총통이 38년간 지속된 계엄령을 해제함으로써 민주화로 나아간 대만이 여기에 해당한다.

두 번째는 아래로부터의 민주화replacement이다. 시민 저항이나 혁명 등 반대 세력에 의해 민주화가 주도되어 권위주의 정치체제가 붕괴하고 민주화를 이루는 경우이다. 1989년의 동독을 예로 들 수 있다. 당시 동독은 주요 도시에서 시민들의 민주화 시위와 반체제 시민 세력이 주도한 원탁회의를 통해 공산 체제를 해체했다.

세 번째 방식은 타협을 통한 민주화transplacement이다. 권위주의 집권 세력과 정치적 반대 세력이 공동의 행동joint action을 통해 정치적 타협, 민주화에 도달하는 방식이다. 반대세력은 권위주의 체제를 단독으로 무너뜨릴 수 없다고 판단하고, 권위주의 세력 또한 반대 세력을 완전히 억압할 수 없다고 판단할 때, 양측은 정치적 미래를 함께 결정할 수밖에 없다는 현실 인식 속에서 타협을 선택하게 된다. 이러한 방식이 바로 '타협을 통한 민주화'이다.

1987년 한국의 민주화는 이 가운데 '타협에 의한 민주화'에 해당한다. 6·29 선언은 권위주의 세력이 민주화운동 세력의 요구를 수용하여 정치적 타협을 이룬 결과였으며, 이는 이후의 헌정 질서가 급진적 붕괴나 변혁이 아닌 체제의 연속성을 바탕으로 정착되는 배경이 되었다.

이처럼 한국의 민주화는 혁명이 아니라 정치적 타협의 결과였다. 민주화 이전의 적대적인 두 세력이 정치적 타협을 통해 새로운 정치 질서 마련을 위한 정치 규칙에 합의한 것이다.

민주화운동 세력은 6월 항쟁을 통해 정권에 강력한 압박을 가했지만, 권위주의 체제를 완전히 무너뜨릴 만큼의 힘은 없었다. 반대로 권위주의 세력 또한 민주화의 흐름을 완전히 억누를 수 없었다. 결국 어느 한쪽도 상대를 압도하지 못한 채 힘의 균형점에 도달했고, 이 지점에서 타협을 통한 체제 전환이 이루어진 것이다.

한국의 민주화는 공산주의 체제가 붕괴하면서 자본주의·자유민주주의로 전환된 동유럽의 경우와도 다르고, 1789년의 프랑스 혁명이나 1917년의 러시아 혁명처럼 구질서를 전면 부정하고 새로운 체제를 수립한 경우와도 다르다. 이와 같이 한국의 민주화는 어느 한 세력의 일방적

성과로 볼 수 없다. 양측이 함께 만들어낸 공동의 결과였기 때문이다. 한국의 민주화는 권위주의 세력과 민주화 세력이 정치적 타협을 통해 서로를 인정하면서 새로운 질서로 나아가기로 한 것이다.

타협의 핵심은 6·29 선언에서 드러나듯, 대통령 직선제를 시행하고 정치적 경쟁의 규칙을 공정하게 바꾸는 것, 즉 절차적 민주주의를 회복하는 데 있었다. 이렇듯 한국의 민주화는 적대적으로 맞섰던 양 세력이 경쟁 규칙의 재설정을 통해 새로운 정치 질서 속에서 공존을 모색한 과정이었다.

타협은 서로를 정당한 경쟁자로 인정하는 것을 전제로 한다. 따라서 민주화 이후 정치 질서가 유지되기 위해서는 상호 인정과 공존의 정신이 지속되어야 한다. 만약 어느 한쪽이 상대를 부정하거나 배제하려 한다면, 타협의 기반은 흔들리고 다시 극한의 대립으로 되돌아갈 수 있는 위험이 있다. 이 때문에 한국 민주화의 가장 중요한 정신은 타협과 합의라고 할 수 있다.

1987년 이후 한국의 민주주의는 불안정한 타협의 결과로 출발했지만, 점차 제도화되고 공고화되었다. 이러한 진전이 가능했던 것은 타협과 합의의 정신을 이어받아 민주화 이후의 정치를 이끌어낸 노태우, 김영삼, 김대중 세 대통령의 역할이 컸기 때문이다.

### 개헌 과정과 87년 체제의 형성

6·29 선언 이후 한 달도 채 지나지 않은 7월 24일, 민정당과 통일민주당은 헌법 개정을 위한 실무 협의체인 '8인 정치회담'을 구성했다. 정당의 의석수와 관계없이 여야 동수(4:4)로 구성되었다는 점에서, 상호 인정과 타협의 정신을 실질적으로 반영한 사례이다. 8명 중 야당 측 4명은 다시 김영삼게 2인, 김대중계 2인으로 구성되었다. 결국 8인 정치회담은 여야 협상 구조를 넘어, 노태우—김영삼—김대중이라는 세 정지 시도자의 뜻이 반영되는 구조였다.

회담은 7월 31일에 첫 공식 회의를 열고 개헌 논의를 시작했다. 그리고 회담이 시작된 지 한 달 만인 8월 30일에 여야는 개헌안에 최종 합의했고, 8월 31일에는 양측 대표가 개헌안 협상 합의문에 서명했다.

합의된 개헌안은 국회 헌법개정위원회로 넘겨졌고, 9월 18일 국회에서 공식적으로 헌법 개정안이 발의되었다. 이후 10월 12일, 국회 표결에서 찬성 254표, 반대 4표라는 압도적인 지지로 통과되었다. 10월 27일의 국민투표에서는 투표율 78.2%, 찬성률 93.1%라는 결과로 확정되었다. 이처럼 국민의 압도적 지지로 확정된 헌법이 바로 오늘날까지 이어지는 1987년 개정 헌법이다. 87년 체제의 오랜 생명력의 기반은 바로 정치권의 합의와 국민의 압도적 지지에 놓여 있다고 할 수 있다. 한국의 오랜 민주화 투쟁은 여야 합의로 만들어진 87년 헌법과 함께 제도적으로 확립되었다.

1987년 개정된 헌법은 권위주의 시대의 폐해를 많이 교정했다. 대통령의 비상조치권과 국회 해산권이 폐지되었으며, 대통령의 장기 집권을 막기 위해 단임제로 규정하고 임기도 5년으로 제한했다. 국회의 국정조사권이 부활되었고, 언론 및 출판에 대한 검열도 폐지되었다. 이와 함께 헌법재판소가 신설되었다.

이처럼 대통령 직선제 도입과 절차적 민주주의 회복뿐 아니라, 국회와 사법부의 권한이 강화되는 등 제도적 측면에서도 다방면의 개혁이 이루어졌다. 그런 점에서 볼 때, 1987년 개정 헌법은 유신체제와 제5공화국을 거치며 나타

난 권력 집중과 남용 등 제도적 폐해를 제거하고 바로잡고
자 했다.

여기서 한 가지 짚고 넘어갈 점이 있다. 1987년 개헌 과
정에서 핵심 역할을 했던 8인 정치회담이, 불과 한 달 만에
합의에 이르렀다는 사실이다. 대통령 직선제 도입이라는
핵심 쟁점은 6·29 선언으로 이미 정리되었지만, 대통령 임
기 문제, 부통령제 도입, 대법원장 임명 방식 등 양측 간 이
견을 보이는 부분도 적지 않았다. 그럼에도 신속하게 합의
에 도달했다는 사실은 주목할 만하다.

당시 회담에 참여했던 인사들의 증언에 따르면, 쟁점이
생길 때마다 그것을 해결해줄 '모범 답안'처럼 참고할 수
있는 기준이 있었다고 한다.[9] 그 '모범 답안'은 다름 아닌
제3공화국 헌법이었다. 당시 노태우, 김영삼, 김대중을 비
롯한 주요 정치인들에게 민주화란 유신체제로 인해 훼손
된 정치 질서를 유신 이전의 상태로 회복하는 것으로 인식
되고 있었다. 1980년 '서울의 봄' 시절의 개헌 논의에서도
제3공화국 헌법을 복원하는 방향이 주요한 기준점으로 작
용했다.[10]

당시 헌법 논의에 참여한 전문가들과 야당은 물론, 공화

# 改憲案 압도적 지지

## 국민투표 찬성률 90%線 넘어서

투표율 78·2%

최고 慶北 91·8%
최저 서울 65·4%

국회에서 의결된 헌법개정안 확정 여부를 두고, 1987년 10월 27일에 대한민국 제6차 국민투표가 실시되었다. 국민투표 결과, 유권자의 과반수가 투표하고, 투표자의 과반수가 찬성 투표를 해 헌법개정안이 통과되었다. 78.2%의 투표율을 기록했으며, 찬성률이 헌법에 규정된 투표수의 대비 과반을 훌쩍 뛰어넘는 93.1%였다.

당과 유정회 역시 개헌의 방향을 유신체제 이전으로의 회귀에 두었다. 시기적으로 박정희 체제의 몰락 직후라는 이유로 유신 이전으로 정치 질서를 되돌리자는 주장이 당연할 수 있지만, 이 같은 인식은 제5공화국 시기를 거치면서도 크게 변화하지 않았다. 그런 점에서 1987년 개정된 헌법이 미래지향적인 비전을 담은 개헌이라고 보기는 어렵다.

또한 이전 시대에 만들어진 제도나 지위가 충분한 검토 없이 그대로 유지된 부분도 적지 않다. 대표적인 예가 대통령 관련 조항이다. 1987년 개정된 현행 헌법 제66조 제1항은 "대통령은 국가의 원수이며, 외국에 대하여 국가를 대표한다"고 규정하고 있다.

하지만 유신 이전인 제3공화국 헌법에서 대통령은 '국가의 원수'가 아니었다. 1962년 개정 헌법의 대통령 조항인 제63조 제1항은 "행정권은 대통령을 수반으로 하는 정부에 속한다", 제2항은 "대통령은 외국에 대하여 국가를 대표한다"고 규정하고 있다.

1948년 제정된 제헌헌법 제51조 역시 "대통령은 행정권의 수반이며, 외국에 대하여 국가를 대표한다"고 명시하고 있다. 즉, 대통령은 '행정권의 수반'이고 대외적인 대표성을 갖고 있었지만, '국가의 원수'로서의 지위는 명시되어 있지 않았다. 그렇다면 '국가의 원수'라는 규정은 언제 생겨난 것일까?

이 조항은 유신헌법에서 처음 도입된 것이다. 유신헌법은 박정희의 1인 지배체제이자 나아가 종신집권 체제를 제도화하기 위해 만들어졌기 때문에, 대통령을 '국가의 원수'로 격상시키는 규정을 포함한 것이다.

제5공화국이 유신체제의 연장선에 있었던 만큼, '국가의 원수'라는 조항을 그대로 유지한 것은 딱히 이상한 일이 아니었다. 하지만 민주화를 이루며 1987년에 개정된 헌법에서도 이 조항은 그대로 살아남았다. 대통령의 권력은 권위주의 시기를 거치면서 헌법이나 법률 조항뿐 아니라 중앙정보부, 검찰, 경찰, 국세청 같은 사정기관은 물론, 민간에 대한 관료 통제, 청와대 비서실의 영향력 강화 등 눈에 보이지 않는 곳에 은밀하게 스며들어 있음에도, 당시에는 이를 교정하거나 축소하려는 시도가 제대로 이뤄지지 않은 것이다.

87년 체제의 정신은 대통령을 공정한 절차에 따라 선출하자는 데 있다. 6월 항쟁과 6·29 선언이라는 정치적 협약

을 통해 민주화를 이루었지만, 새 시대를 선도하는 미래지
향적 개헌은 아니었다라는 점에서 한계를 지닌다. 그리고
이 한계는 오늘의 한국 정치에도 여전한 과제로 남아 있다.

# 2부_____

DEMOCRACY

민주주의
공고화를
이끈

리더십의
재발견

한국의 민주주의는 하루아침에 이루어진 산물이 아니다. 1987년 6월 항쟁 이후 제도적 민주주의가 시작되었지만, 민주주의를 정착시키고 공고화하는 데에는 몇몇 지도자의 결단과 리더십이 결정적인 역할을 했다. 노태우의 온건한 리더십, 김영삼의 문민정부 수립, 그리고 김대중의 화해와 통합의 정치는 민주주의의 뿌리를 내리게 한 중대한 이정표들이었다.

# 전환의 시대:
# 타협과 합의의 정치

### 권위주의에서 민주화로의 이행

1987년 대통령 직선제 헌법 개정 이후, 같은 해 12월 첫 대통령 선거가 치러졌다. 당시 정권 교체를 원하는 여론이 높았지만 김영삼과 김대중은 끝내 분열하면서 야권의 표가 분산되었고, 결국 민정당의 노태우 후보가 대통령으로 당선되었다. 민주화 이후 치러진 첫 선거였지만 군 출신인 노태우가 당선된 것은 국민 다수의 기대와는 다른 뜻밖의 결과였다.

처음에는 노태우의 당선을 불안하게 바라볼 수밖에 없었다. '민간인의 옷을 입은' 군부 권위주의 체제가 지속될 가능성이 있었기 때문이다. 하지만 노태우 대통령은 5년

**1987년 13대 대선 당시 민주정의당
노태우 후보의 선거 포스터이다.**

임기 동안 권위주의 체제에서 민주화된 사회로의 전환기
를 안정적으로 잘 이끌었다.

　노태우 대통령의 집권기는 말 그대로 전환기의 시대였
다. 왜 전환기였을까. 국내적으로는 권위주의 체제에서 민
주화로의 전환기였고, 국제적으로는 냉전에서 탈냉전으로
넘어가는 시기였다.

　당시 사회주의 체제는 경제적으로 극심한 어려움을 겪
고 있었다. 1985년 소련 공산당 서기장에 취임한 고르바초

프는 개혁, 개방 정책을 펼치며 체제 개혁을 시작했다. 이에 따라 소련의 영향 아래 있던 동유럽 공산 체제도 붕괴하며 급격한 체제 전환이 일어났다. 1989년에는 폴란드를 비롯해 헝가리, 동독, 불가리아, 체코슬로바키아, 루마니아 등에서 정치적 격변이 벌어졌다.

노태우 정부를 떠올릴 때, 대외 관계에서 가장 대표적인 업적은 단연 북방정책이다. 오늘날 우리나라는 2024년 2월 쿠바, 2025년 4월 시리아와의 외교 수립을 통해 북한을 제외한 191개 유엔 회원국 전 국가와 수교 관계를 맺게되었다. 또한 2024년 기준으로, 한국 여권으로 비자 없이 입국할 수 있는 국가는 191개국에 달해 '여권 파워'가 세계 3위를 기록한다.[11] 이러한 변화의 출발점이 바로 노태우 정부 시절의 북방정책이었다.

1988년 당시 한국과 수교하고 있던 국가는 129개국에 불과했다. 특히 사회주의권 국가들과는 대부분 수교 관계를 맺지 못하고 있었다. 노태우 대통령은 새로운 체제로 전환되던 시기에 발 빠르게 대응하여, 사회주의권 국가들과 적극적으로 외교 관계를 추진했다.

1989년에는 폴란드와 헝가리를 포함한 4개국, 1990년

노태우 대통령과 미하일 고르바초프 소련 대통령이 1990년 6월 5일 미국 샌프란시스코에서 정상회담을 하는 모습이다.

ⓒ 국가기록원, 1990년

에는 러시아, 루마니아, 몽골 등을 포함한 12개국, 1991년에는 라트비아와 리투아니아 등 8개국, 1992년에는 중국, 베트남 등 18개국과 새롭게 수교를 맺었다. 이처럼 1988년 이후 44개국과 수교 관계를 수립하여, 1992년 기준 한국의 수교 국가는 169개국에 이르게 되었다.[12] 대부분의 사회주의 국가를 포함해 중국, 베트남 등 오늘날 우리와 경제적으로 긴밀한 관계를 맺고 있는 국가들과도 수교를 체결했다. 이는 한국의 외교 지평을 크게 넓혔고, 경제성장에도 상당한 기여를 했다. 노태우 대통령이 집권 초부터 강한 의지로 임기 5년 동안 일관되게 추진하면서 이와 같은 외교적 성과를 거뒀다.

당시 '단군 이래 최대 규모의 행사'라고 불렸던 1988년 서울올림픽의 성공적인 개최 역시 한국의 대외적 위상 제고와 외교적 지평 확대에 중요한 역할을 했다. 1988년 서울올림픽 이전의 세 차례 올림픽은 세계인 모두가 참여하는 진정한 국제 스포츠 행사가 되지 못했다. 1976년 하계 올림픽은 캐나다 몬트리올에서 개최되었는데, 인종 차별 정책을 고수하던 남아프리카 공화국과 친선 럭비 경기를 한 뉴질랜드의 올림픽 참가를 문제 삼아 아프리카 28개국이 이에 항의하며 불참했기 때문이다.

1980년 하계 올림픽은 소련 모스크바에서 개최됐는데, 소련의 아프가니스탄 침공에 항의해 미국을 비롯한 서방 국가들이 불참하면서 동구권 중심의 반쪽 올림픽이 되었다. 이때 우리나라도 참가하지 않았다.

1984년 미국 로스앤젤레스 올림픽은 이에 대한 보복으로 소련이 동구권 국가들의 참가를 막았고, 서방 국가 중심의 올림픽이 되었다. 이처럼 연이어 세 차례 파행을 빚은 올림픽 이후, 분단국가이자 사회주의권 국가들과 외교 관계를 맺지 못하고 있던 한국이 개최국으로 결정된 것이다.

노태우 정부는 올림픽이라는 국제적 이벤트를 한국의 위상을 세계에 알리고 외교 지평을 넓히는 계기로 삼았고, 서울올림픽은 성공적으로 마무리되며 북방정책에도 긍정적인 영향을 주었다.

## 대통령을 풍자할 수 있는 시대

국제 정치적 환경뿐만 아니라 국내 정치적 상황 역시 전환기에 놓여 있었다. 군 출신이면서 민주화 이후 경쟁 선거를 통해 당선된 첫 대통령이라는 점에서 노태우 자신이야말로 전환기의 상징적인 인물이라고 볼 수 있다. 앞서 언급했 듯이, 한국의 민주화는 '타협'에 의해 이루어졌다. 그리고 그 타협이 유지되기 위해서는 상호 공존에 대한 인식과 협 약의 준수가 전제되어야 한다. 전제가 지켜지지 않는다면, 정치는 다시 과거처럼 격렬한 갈등과 대립의 상태로 회귀 할 수밖에 없다.

노태우 대통령은 여전히 불안정했던 정치적 타협이 지 켜지고 자리 잡는 데 중요한 역할을 했다. 군 출신이었던 그가 만약 과거 박정희나 전두환처럼 권위적이고 강압적 으로 통치했다면, 민주화 직후의 정치 상황은 극도로 불안 정했을 것이다.

이제 막 군부 권위주의 정권에서 벗어난 상황에서 국민 은 노태우 대통령에게 어떤 리더십을 기대했을까? 적어도 과거와 같은 방식으로 무섭고 억압적이며 일방적으로 밀 어붙이는 방식의 리더십을 원하지는 않았을 것이다. 그는 신군부의 핵심 인물이었고, 군에 의존한 강압적 통치가 더 익숙할 수 있었겠지만, '물태우'라는 세간의 조롱 속에서도 그 별명을 감수하는 유연한 리더십을 선택했다. 이러한 점 에서 '물 대통령', '물태우'라는 비아냥도 결국 그의 절제된 통치 스타일을 반영하는 상징이었다.

노 대통령은 시대적 변화의 흐름을 이해했고, 지금 필요한 것은 '참용기', 즉 '참고 용서하며 기다리는 것'이라고 말한 바 있다.

노태우 대통령은 대통령 선거운동 당시 민정당 후보로서 KBS를 찾아 "나를 개그 소재로 써도 좋다"고 공약했고, 이후 실제로 그 약속은 지켜졌다. 방송에서는 시사와 정치 풍자 코미디가 봇물 터지듯 쏟아졌다. 특히 KBS2의 〈유머일번지〉(1983~1992) 프로그램 속 '네로 24시', '회장님, 회장님, 우리 회장님', '탱자 가라사대' 같은 코너는 정치·사회의 문제점을 풍자하는 내용으로 큰 인기를 끌었다.[13] 오히려 오늘날의 방송 환경과 비교했을 때 지상파 TV에서 대통령이나 그 주변 인물, 정치인 등을 풍자하는 코미디는 이 당시가 더 활발했다.

사실 권력을 가진 자에게 가장 어려운 일은 오히려 그 힘을 절제하는 일이다. 더욱이 노태우 대통령은 군인 출신이었다. 그럼에도 그는 자신에게 부여된 시대적 전환기의 의미를 이해하고 있었고, 스스로 권력을 억제하며 탈권위적 리더십을 보여주었다.[14] 이는 민주화 이행기에 필요한 유연하고 포용적인 리더십의 특성을 잘 보여주는 사례라고 할 수 있다.

## 타협이 가능했던 여소야대

1987년 대통령 선거 이후, 1988년 4월에는 제13대 국회의원 총선거가 치러졌다. 이 선거를 통해 한국 정치사상 처음으로 여소야대 정국이 형성되었다. 집권 여당인 민주정의당이 125석을 확보해 제1당이 되었지만, 전체 의석 299석 가운데 과반인 150석에는 미치지 못했다.

반면, 평화민주당은 70석, 통일민주당은 59석, 신민주공화당은 35석을 각각 차지하면서 야당 전체 의석수가 여당을 넘어서는 결과를 낳았다.

여소야대 정국이 형성되면서 야당의 정치적 공세도 강화되었다. 노태우 대통령이 지명한 대법원장 후보자의 임명 동의안이 국회에서 부결되는 일도 있었고, 여당의 반대에도 불구하고 야3당의 주도로 법안이 통과되기도 했다. 노태우 대통령은 야3당이 주도한 입법에 대해 모두 일곱차례 거부권을 행사했다. 이러한 사실만 놓고 보면 여야 간의 관계가 갈등과 대립으로 점철되었던 것처럼 생각하기 쉽지만, 실제로는 그렇지 않았다.

노태우 대통령은 야당들과의 관계에서 정치력을 발휘하며 갈등을 조율하려는 노력을 기울였다. 제13대 국회가 개원했을 때, 그는 국회 개원 연설에서 다음과 같이 말했다.

수적 우위에 의한 집권당의 일방적 독주와 강행이 통용되던 시대도, 소수당의 무조건 반대와 투쟁의 정치가 합리화되던 시대도 지나갔습니다. 어느 정당도 독주할 수 없으며, 누구도 동반 협력의 정치를 외면할 수 없게 되었습니다. 또한 어느 정당도 의정의 책임으로부터 자유로울 수 없을 것입니다. 국민은 이제 원숙한 정치력으로 대화와 타협에 의한 새로운 의정을 열도록 명령한 것입니다.[15]

노태우 대통령은 실제로 대화와 타협에 기반한 정치를 실현하기 위해 다양한 노력을 기울였다. 국회 개원식에서 연설하고 또 기념 축하연에도 참석해, 여야 정당 대표들과 환담을 나누기도 했다. 총선 한 달 후인 1988년 5월 28일에는 야3당 총재를 청와대로 초청해 4자 회담을 갖고 협조를 요청했다. 또한 1990년 11월에는, 진보적 대중 정당을 표방하며 창당한 민중당의 이우재 대표, 이재오 사무총장, 장기표 정책위의장을 청와대로 초청해 창당을 축하하고 격려하는 등 정치적 이념이나 입장을 떠나 다양한 정당과의 소통을 시도했다.[16]

노태우 대통령은 일곱 차례 거부권을 행사했지만, 그 가운데 세 개의 법안은 거부권 행사 이후 야당과의 재협상을 통해 여야 합의로 통과되었다. 1988년, 야3당의 공동 제안으로 국회에서 통과된 「국정감사 및 조사에 관한 법률안」과 「국회에서의 증언, 감정 등에 관한 법률 개정안」에 대해 노태우 대통령은 일부 조항에 대한 여당의 문제 제기를 수용해서 기부권을 행사했다. 그러나 이후 재협상을 통해 쟁점 조항이 수정되었고, 수정된 법안은 국회에서 여야 합의로 처리되었다.

지방자치법 개정안 역시 유사한 과정을 거쳤다. 1989년 3월, 야3당 주도로 국회에서 지방자치법 개정안이 통과되었지만, 노태우 대통령은 이에 대해 거부권을 행사했다. 그러나 그해 12월, 노태우 대통령과 야3당 총재 간의 합의에 따라 수정된 개정안이 국회를 통과하게 된다.

또한 1988년 말부터 1989년 말까지, 약 1년 동안 정치적 쟁점이 되었던 '광주민주화운동 진상조사특위'와 '5공비리특위'의 활동은 표면적으로는 야3당의 주도로 보였지만, 실제로는 민정당과 야3당 간의 협의와 타협을 통해 이루어진 결과였다.[17] 이러한 사례들은 여소야대의 상황에서도 야권의 일방적인 법안 통과와 대통령의 거부권 행사라는 대치 상황이 반복되지 않았음을 보여준다. 오히려 여소야대에서 타협과 양보의 정치를 통해 적지 않은 문제들이 해결되었다.

13대 국회에서는 새로운 국회 관행도 생겼다. 이전까지는 제1당이 상임위원장 직을 모두 독점했으나, 13대 국회부터는 상임위원장 직을 야당에게도 배분하는 관행이 시작되었다. 1990년 1월, 3당 합당으로 거대 여당인 민주자유당이 출범한 이후에도 후반기 국회에서 이 관행은 계속 유지되었다.

### 야당과 함께 만든 한민족공동체통일방안

노태우 정부 시기에는 북방정책뿐만 아니라 대북 접촉도 활발히 이루어졌다. 예컨대, 1990년 9월부터 1992년 9월까지 총 여덟 차례에 걸쳐 남북 총리를 대표자로 하는 고위급 회담이 서울과 평양을 오가며 개최되었다.

이와 함께 중요한 통일 정책의 방향도 제시되었다. 통일 정책과 관련한 주요 성과 중 하나는 '한민족공동체통일방안'이다. 이후 정권이 바뀌어도 큰 틀에서 이와 동일한 기조가 유지되었다. 한민족공동체통일방안은 첫 단계로 남북 간 화해와 협력, 평화 공존을 모색하고, 두 번째 중간 단계로 남북연합을 구축하여 사람과 물자가 자유롭게 오갈 수 있는, 사실상의 통일 상태를 만드는 것을 목표로 했다. 마지막 단계는 단일 민족국가로의 제도적 통일로, 남북이 자유민주주의적 기본 질서 아래 동질성을 회복한 뒤 국민 투표와 같은 평화적 방법으로 결정하자는 내용이었다.

그런데 주목할 점은 이 방안이 노태우 정부의 일방적 주도가 아니라 야당들과의 협력을 통해 마련된 것이라는 사실이다. 노 대통령은 당시 통일원 장관이었던 이홍구에게 새로운 통일 정책을 마련하라고 한 후, 이를 야당 총재인 김영삼, 김대중, 김종필과 협의해 그들의 의견을 듣고 반영하라고 지시했다.

노태우 대통령께서 취임 후 새로운 통일정책 수립에 대해 큰 관심을 보이시며, 이제는 냉전의 시대도 끝났으니 이 시대에 맞는 통일방안을 빠른 시간 안에 만들어 보라고 지시하셨습니다. 특히 통일방안이라는 것이 행정부만의 일이 아닌 국회와의 공조가 매우 중요한 작업인 만큼 이 장관이 야당의 3김 총재와 상의해서 4당이 합의할 수 있는 방안을 만들라는 것이었습니다.[18]

대북 정책이나 통일 이슈는 이후 한국 정치에서 격렬한 이념 갈등과 대립을 불러일으킨 매우 예민한 사안이었다. 하지만 노태우 대통령은 이를 야당과 사전에 상의하고 협조를 구하는 방식으로 이견을 해소하며, 여야 합의로 정책안을 통과시켰다.

이와 같이 노태우 대통령은 권위주의 시대에서 민주화 시대로 이행하는 전환기의 인물이었다. 군인 출신이면서 동시에 민주화 이후 최초의 경쟁적 선거를 통해 당선된 대통령이라는 양면성을 지니고 있었다. 하지만 그는 참고 기다리는 리더십을 발휘하며 타협과 합의의 정치를 추구했다.

여소야대 상황에서도 대립과 충돌에 머무르지 않고 이를 대화와 타협으로 풀어내는 정치력을 발휘했다. 노태우 대통령은 불안정하게 이뤄진 민주화 과정을 안정적으로 관리하면서, 민주주의를 보다 공고한 단계로 나아가게 하는 징검다리 역할을 했다고 평가할 수 있다.

# 개혁의 시대:
# 군사정치 문화의 청산

## 권위주의 시대를 어떻게 처리할 것인가

새로운 시대를 맞이했다고 해도, 풀어야 할 구시대의 문제가 제때 해결되지 않으면 결국 곪아 터지면서 정치적 갈등이나 위기를 초래할 수 있다. 기본적으로 억압적일 수밖에 없는 권위주의 체제에는 정권에 의해 많은 문제가 발생해도 당시에는 어쩔 수 없이 덮고 넘어가는 경우가 많다. 하지만 과거의 문제들을 민주화 이후 제대로 해결하지 못하면, 정치적 부담이 되고 심각하면 체제의 불안정으로 이어질 수 있다.

　정치학자 헌팅턴은 신생 민주주의 국가가 민주화 이후 맞닥뜨리는 두 가지 어려운 과제가 있다고 했다.[19] 첫 번째는 '고문관의 문제the Torturer Problem'로, 권위주의 체제에서 나, 내 가족, 친구, 이웃을 고문하거나 괴롭힌 사람들, 혹은 그 행위를 지시하고 실행한 사람들의 책임을 어떻게 물을 것 이냐 하는 문제이다. 민주화가 되었어도 이들이 과거에 한 행위에 대해 아무런 처벌도 받지 않고 자유롭게 활동하고 있다면, 사람들은 과연 이전과 무엇이 달라졌는가에 대한 회의감을 가질 수밖에 없다. 결국 이는 '과거사를 어떻게 정리할 것인가'라는 과제를 의미한다.

두 번째는 '집정관의 문제the Praetorian Problem'이다. 민주화 가 이루어졌다고 하더라도, 여전히 강제력을 독점하고 있 는 군을 어떻게 '탈정치화'할 것인가 하는 문제다. 군이 민 주화 이후에도 내부적으로 결속력을 유지하며 정치적 영 향력을 유지하고 있다면, 이는 언제든지 신생 민주주의의 안정성을 위협할 수 있는 잠재적 위험 요소가 된다. 결국 이는 '정치화되어 있는 군부를 어떻게 통제하고 문민 질서 아래 편입시킬 것인가'라는 문제로 연결된다.

민주화가 새로운 정치 질서로의 전환을 의미하더라도, 헌팅턴의 지적대로 과거 권위주의 시대의 잘못과 부정적 유산은 민주화 이후 정치에 부담으로 작용할 수 있다. 신생 민주주의 국가들은 민주화 이후 '과거 권위주의 체제의 잘 못을 어떻게 처리할 것인가'라는 어려운 과제에 직면하게 된다. 한국의 경우, 이 쉽지 않은 과제를 김영삼 정부가 해결했다.

김영삼 대통령은 자신의 정부를 '문민정부'라고 불렀다. 이는 1961년 5·16 군사정변 이후 처음으로 민간인 출신이 대통령이 되었다는 의미이다.

박정희, 전두환은 물론, 민주화 이후 첫 직선제 대통령이었던 노태우 역시 군 출신이었다. 하지만 진정으로 문민정부의 의미가 실현되기 위해서는 대통령이 단지 민간인 출신이라는 사실만으로는 충분하지 않다. 중요한 것은 군에 대한 문민 통제civil control of the military의 실질적인 구현이다. 민간인 대통령이 임명되었더라도, 특정 영역에서는 여전히 군의 눈치를 보거나 군의 입김에 좌우되는 상황이라면, 그것은 진정한 의미의 문민정부라고 보기 어렵기 때문이다.

## 군의 탈정치화

김영삼 대통령은 문민정부의 시대적 의미를 누구보다도

잘 이해하고 있었다. 그는 대통령에 취임하기 이전 '군의 탈정치화'를 위한 분명한 계획을 준비했고, 취임 이후 이를 과감히 실행에 옮겼다.

김영삼은 1993년 2월 25일, 제14대 대통령으로 취임했다. 그리고 그로부터 불과 2주도 채 지나지 않은 3월 8일, 전격적으로 육군참모총장을 경질하고, 당시 기무사령관(현재의 국군방첩사령관)도 보직 해임했다. 이어 4월 2일에는 수도권 핵심 부대인 수도방위사령관과 특전사령관 등을 경질했다. 이들 자리는 모두 군 내에서 가장 핵심적인 보직으로, 전두환을 중심으로 형성된 군 내 사조직 '하나회' 출신과 신군부의 실세들이 장악해온 자리였다.

사실상 이 조치는 예고된 것이었다. 앞서 3월 5일, 육군사관학교 졸업식에서 김영삼 대통령은 "올바른 길을 걸어온 군인에게 당연히 돌아가야 할 영예가 상처를 입었던 불행한 시절이 있었다"며, "이 잘못된 것을 다시 제자리에 돌려놓아야 한다"고 언급했다. 이미 이 자리에서 군 인사 개편에 대한 의지를 드러낸 셈이다.

이 같은 전격적인 조치는 군 내부에 큰 충격을 주었다. 하지만 국민에게는 놀라움과 함께 신선하고 바람직한 개혁으로 받아들여졌다. 김영삼 대통령은 막 취임한 신임 대통령으로서의 정치적 정통성과 권위, 그리고 임기 초반의 높은 국민적 기대라는 정치적 자원을 활용해 군의 탈정치화를 단행한 것이다.

김영삼의 군 인사 개혁은 대통령에 대한 높은 지지로 이어졌고, '문민' 대통령의 권위와 리더십은 더욱 강화되었다. 군 내부에서 불만이 있더라도, 이를 정면으로 반발하기 어려운 상황이 되었다. 또한 군 인사 개혁은 하나회와 같은 군 내 파벌로 인해 그동안 보직과 인사에서 불이익을 받거나 소외된 장교들에게 새로운 기회를 주게 되었다. 이는 민주화된 체제에 대한 군의 충성심을 강화시키는 계기가 되었다.

이런 와중에, 1993년 4월 2일 서울 용산구 동빙고동의 군인아파트 단지에서 이른바 '하나회 명단'이 살포되는 사건이 발생했다. '육사 하나회 회원'이라는 제목이 붙은 유인물이 아파트 우편함과 차량 앞 유리에 배포된 것이다.[20] 명단에는 하나회 소속 장교들의 이름이 나열되어 있었다. 마침내 하나회의 존재가 세상에 드러났다.

하나회는 전두환 등 육사 11기를 중심으로 만들어진 육사 내 사조직이었는데, 임관 후 인사이동이나 승진 때 선배가 후배를 추천하고 밀어주는 식으로 군대 내 요직을 차지해왔다. 하나회는 12·12 사건 이후 군권을 장악한 신군부의 주축이기도 했다.

유인물 살포 사건은 곧 언론에 보도되며 일반 시민들에게도 알려졌다. 이 사건은 문민정부를 표방한 김영삼 정부가 군 개혁에 본격적으로 착수할 수 있는 정치적 명분을 제공해주었다. 이후 김영삼 정부는 조직적으로 군 내 사조직 척결을 추진했고, 그 결과 하나회는 사실상 해체되었다.

군의 최고위직에 대한 전격적인 인사 조치와 하나회 해체가 이뤄지면서, 군의 정치 개입을 단절하는 전환점이 마련되었다. 이와 함께 '군의 탈정치화'와 '문민 통제의 실현'이라는 중요한 개혁 과제가 완료되었다.

여기서 한 가지 생각해볼 점은 1961년 군사정변 이후 30년 넘게 지속되어온 군의 정치적 개입이라는 문제가 김영삼 정부에 와서 하루아침에 해결될 수 있었는가 하는 것이다. 1961년부터 1987년 민주화까지, 그리고 군 출신 노태우가 대통령이었던 시기까지 포함하면 무려 31년 동안 군부는 한국 정치에 지대한 영향을 미쳤다. 그런데 어떻게 뿌리 깊은 문제가 단기간 내에 해결될 수 있었을까?

무엇보다 중요한 요인은 김영삼 대통령의 결단력과 정치적 통찰이었다. 그는 자신에게 주어진 시대적 과제를 정확히 인식하고 있었고, 이를 해결하기 위한 철저한 준비와 전략을 갖추고 임기 초부터 단호하고 신속한 조치를 단행했다. 특히, 취임 직후 전광석화처럼 이뤄진 군 인사 개편과 하나회 해체는 대통령으로서의 정통성과 국민적 지지라는 정치적 자원을 활용한 과감한 정치적 승부였다.

동시에 군 내부에도 변화된 시대 상황을 수용하려는 분위기가 조성되어 있었다. 앞서 논의한 대로, 1987년 6월 항쟁 당시 군은 정치적으로 동원되지 않았으며, 광주민주화운동의 경험은 더 이상 군의 정치 개입은 안 된다는 인식을 군 내부에 각인시켰다.

또 간과해서 안 될 사실은, 제5공화국의 군부 권위주의 체제가 군 전체에 의한 통치 체제라기보다는, 전두환을 정점으로 한 신군부라는 특정 파벌의 지배 구조라는 점이다. 신군부 혹은 하나회에 속하지 않은 다수의 군 장교들은 이들로 인해 보직과 승진에서 오히려 불이익을 받았다. 따라서 김영삼 대통령의 군 개혁은 군 전체에 대한 공격이 아니라, 군 내부의 불공정한 사조직 중심의 지배 구조를 해체하는 작업으로 받아들여졌고, 오히려 다수 군인들의 묵시적 지지를 얻을 수 있었다.

여기에 노태우 정부의 시기의 군부 개혁도 도움을 주었다. 노태우는 군 출신이었지만, 전두환과의 차별성을 부각하며 군 개혁을 추진했고, 군의 정치적 중립성을 강화하려고 했다.

1987년 대통령 선거 이후에도 전두환은 자신의 정치적 영향력이 유지될 것으로 생각했던 것 같다. 1988년 2월 25일로 예정된 노태우 대통령의 취임을 불과 두 달 앞둔, 1987년 12월 전두환 대통령은 군 인사를 단행했다. 합동참모본부 의장, 3군사령관, 수도방위사령관, 보안사령관 등 군 내 최고 핵심 직책이 대상이었다.

물론 법적으로 전두환 대통령의 임기는 1988년 2월까지였지만, 신임 대통령의 취임을 앞둔 상황에서 곧 물러날 대통령이 군 최고위직 인사를 행한다는 것은 적절한 조치로 보기 어렵다. 새로 임명된 이들은 모두 전두환 대통령의 측근들이었다. 이후 노태우 대통령은 전두환의 측근들을 정리하고, '제2의 창군 선언'도 하면서 군을 정치로부터 벗어나도록 이끌었다.

　김영삼 대통령의 군 개혁은 마침내 군을 탈정치화시켰다. 그가 자신의 정부에 칭한 '문민정부'의 의미를 실현한 것이다. 이로써 신생 민주주의인 한국은, 새뮤얼 헌팅턴이 말한 '집정관의 문제'를 해결하고 민주적 공고화를 향해 나아갈 수 있게 되었다.


## 과거사의 해결

오랜 시간 억압적인 권위주의 체제를 겪어오는 동안 정권으로부터 고통과 피해를 입은 시민들이 적지 않았다. 민주화라는 새로운 시대가 도래했다면, 피해를 당한 이들은 당연히 과거의 억압에 대한 진상 규명과 책임자 처벌, 그리고 자신의 명예 회복을 기대했을 것이다.

　앞서 언급했듯, 한국의 민주화는 기존 체제를 전면적으로 붕괴시키고 완전히 새로운 질서를 수립하는 '혁명적 방식'이 아니라, 타협과 협약을 통해 이뤄진 점진적 이행의 성격을 띠었다. 반대 세력이 기존 체제를 무너뜨리고 새로운 질서를 수립하는 '아래로부터의 민주화'였다면 모르겠지만, 협약, 타협에 의한 민주화는 과거 적대적이었던 두 세력 간의 공존과 협력을 전제하기 때문에 과거사 문제를 일방적으로 밀어붙이기는 현실적으로 쉽지 않다.

그럼에도 불구하고 헌팅턴이 지적한 '고문자의 문제', 즉 과거 권위주의 정권의 인권 침해와 폭력 행사에 대한 진실 규명은, 신생 민주주의의 안정적 정착을 위해서 반드시 해결해야 할 과제였다. 특히, 1980년 5월 광주에서 자행된 국가 폭력은 절대로 덮고 넘어갈 수 없는 문제였다. 수많은 무고한 민간인이 희생되었고, 그 책임이 명확히 규명되지 않은 채 오랜 시간이 흘렀기 때문이다.

사실 이 문제와 관련한 '5공 청산'에 대한 요구는 민주화 직후부터 꾸준히 제기되었다. 노태우 정부 시기인 1988년 6월 27일, 국회에는 '제5공화국 비리조사 특별위원회'와 '5·18 민주화운동 진상조사 특별위원회'가 설치되었다. 그리고 5공 비리, 5·18 광주민주화운동, 언론통폐합 관련 청문회가 개최되었다. 과거사 문제의 핵심인 전두환 전 대통령이 국회에 출석해 증언하는 장면은 전국적으로 생중계되며 큰 반향을 일으켰고, 이후 그는 강원도 백담사로 사실상의 '유배'를 떠나야 했다.

하지만 이 모든 조치는 정치적, 도의적 책임을 묻는

수준에 머물렀을 뿐, 사법적 책임은 끝내 묻지 않았다. 1979년 12월 12일에 발생한 신군부의 하극상 쿠데타, 이른바 12·12 사건 역시 본격적으로 다뤄지지 않았다. 이러한 미완의 과거사 청산은 한국 민주주의의 공고화에 걸림돌로 남게 된다.

이 과제를 본격적으로 해결한 것도 김영삼 정부였다. 김영삼 대통령은 1995년 12월 12일, 12·12 사건 발생 16주년이 되는 날, 대국민 담화를 통해 '역사 바로 세우기'를 천명하고 과거사 문제 해결에 본격적으로 나섰다.

오늘은 우리 헌정사에 큰 오점을 남긴 12·12 사태가 발생한 지 열여섯 해가 되는 날입니다. 이 치욕의 날을 맞아 저는 대통령으로서 국민 여러분께 우리 역사를 바로 세우려는 저의 비장한 각오와 의지를 분명히 밝히고자 합니다. '역사 바로 세우기'는 단순한 과거의 정리 작업이 아니라 바로 미래를 향한 '창조의 대업'입니다. 우리는 군사문화의 잔재를 과감히 청산하고 쿠데타의 망령을 영원히 추방함으로써 우리가 피와 땀과 눈물로 이룩한 민주주의를 확고히 지켜나가야 합니다. 어떠한 헌정질서 파괴 행위도 단

호히 응징하고 법과 정의를 확고히 세워 법치주의가 이 나라를 지배하는 원칙이 되게 해야 합니다. 나라를 병들게 한 부정부패의 구조와 정경유착의 고리를 타파하여 깨끗하고 공정한 선진사회를 만들어야 합니다.[21]

김영삼 정부는 과거사 청산을 위한 본격적인 조치로 「5·18 민주화운동 등에 관한 특별법」을 제정하여, 광주민주화운동의 진상을 규명하고 관련자들을 법적으로 처벌할 수 있는 근거를 마련했다. 1995년 12월 19일, 5·18 특별법이 국회를 통과하였고, 이에 따라 검찰 내 특별수사본부가 설치되어 12·12 군사 쿠데타와 5·17 비상계엄 확대 조치, 5·18 광주 유혈 진압에 대한 전면적인 수사에 착수했다. 그 결과, 전두환, 노태우 두 전직 대통령은 군사 쿠데타와 부정부패 혐의로 처벌을 받았다. 대법원은 1997년 4월 17일 전두환에게 무기징역, 노태우에게는 17년 형을 선고했다.

정부는 5·18 희생자와 유가족에 대한 명예 회복 조치도 병행했다. 1997년 4월, 5·18 광주민주화운동은 국가가 공식적으로 인정하는 법정 기념일로 지정되었고, 희생자와

# 全斗煥씨「無期」로 감형

## 盧泰愚씨 5년6월줄여 17년

12·12 5·18상소심 선고 재판부 "6·29 - 정권교체 감안"

대기업총수들 무죄·집유

李源祚씨는 2년6월

黃永時·許和平·李鶴捧씨 8년
鄭鎬溶씨 7년 朴俊炳씨 무죄

周永福씨 제외 모두 형량 낮춰

관련기사 2·3·4·5·6·9·22·23면

심판받는 「파거」

두 전직 대통령에 대한 선고 공판 모습. 1997년 4월 17일 대법원은 12·12 사건은 군사반란, 5·18 사건은 내란으로 규정하고 전두환, 노태우 두 전직 대통령에게 각각 무기징역, 징역 17년을 선고했다.

피해자들은 민주유공자로 규정되어 국가로부터 예우와 보상을 받게 되었다.

이처럼 군의 탈정치화와 과거사 처리에 대한 김영삼 대통령의 결단은 분명히 높이 평가할 만하다. 김영삼 정부를 거치면서 군의 정치 개입이나 어두운 과거사의 거대한 장애물이 상당히 정리되었다.

체제 전환기에 놓인 신생 민주주의 국가에 있어, 과거사 문제의 처리는 단지 과거 시대의 어두운 유산의 정리를 넘어 미래로 나아가기 위한 필수적인 국가 과제다. 과거의 잘못을 명확히 밝히고, 피해자의 억울함을 해소하는 것은 새로운 체제의 정당성 확보와 민주주의의 안정적 발전을 위해 필수적이다.

결국 김영삼 대통령은 헌팅턴이 말한 민주화 이후의 두 과제, 즉 '고문관의 문제(과거사 청산)'와 '집정관의 문제(군의 탈정치화)'를 실질적으로 해결함으로써, 한국 민주주의가 공고화된 체제로 나아가는 길목에서 중요한 전환기를 마련했다고 할 수 있다.

# 화합의 시대:
# 화해와 통합의 정치

## 민주주의와 화해의 상징

김대중 정부 출범의 가장 큰 의미는 한국 정치사 최초의 평화적 정권 교체라는 데 있다. 여당과 야당이 선거라는 공정한 절차를 통해 권력을 교체한 것은 한국 민주주의의 진전을 보여주는 결정적 장면이었다. 또한 김대중 대통령은 경제개발 과정에서 상대적으로 소외되었고, 전두환 정권 시절 광주항쟁으로 정치적 억압을 받았던 최초의 호남 출신 대통령이기도 하다.

정권 교체는 많은 정치적 변화를 가져온다. 대통령 한 사람만 바뀌는 것이 아니라, 정치적 반대 세력이 이제 집권의 주체가 되는 것이다. 국가 운영의 방향과 정책 기조에도 큰 변화가 생겨난다. 그런데 이러한 정치적 변화가 야당 시절의 피해와 억압에 대한 보복이나 정치적 복수로 이어진다면, 정권 교체는 정치적 불안정을 초래할 수 있다. 정권 교체의 정치적 비용이 너무 크다면, 집권 세력은 온갖 수단을 동원해서라도 권력을 유지하려 할 것이고, 이는 자유롭고 공정한 경쟁에 기반한 안정적인 민주주의를 위협하게 된다.

김대중 대통령은 야당 시절, 정권으로부터 가장 혹독한 억압과 고통을 겪은 대표적인 정치인이었다. 그는 종종 '죽을 고비를 다섯 차례나 넘겼다'고 말했는데, 1950년 6·25 전쟁 당시 인민군에게 총살당할 뻔했던 일을 제외하면, 나머지는 모두 권위주의 정권의 탄압 때문이었다.[22]

이러한 경험 때문에, 만약 김대중 대통령이 정권 교체 이후 자신이 겪은 정치적 탄압에 대한 보복을 위해 권력을 행사했다면, 한국 민주주의는 큰 위기에 처했을 것이다. 그렇게 되었다면, 1987년의 민주화를 가능하게 했던 타협과 공존의 정치 질서는 무너지고, 정치는 다시 혼란과 갈등의 소용돌이로 빠져들 수 있었을 것이다.

하지만 김대중 대통령은 보복이 아닌 화해와 통합의 정

치를 선택했다. 그는 과거를 딛고 미래를 향한 통합의 길을 모색함으로써, 정권 교체가 일반화될 수 있는 민주주의의 관행을 정착시키는 데 기여했다.

김대중 대통령은 1973년 일본 도쿄에서 발생한 납치 사건의 피해자였다. 당시 그는 도쿄 그랜드 팔레스 호텔 복도에서 중앙정보부 요원들에 의해 납치되었다. 처음에는 호텔 방 욕실에서 살해될 위기에 처했지만 살해가 여의치 않자, 그는 곧장 배로 옮겨졌고, 손발이 묶인 채 대한해협 한가운데서 바다에 수장될 처지에 놓였다. 죽음을 눈앞에 둔 절체절명의 순간을 김대중 대통령은 자서전에서 다음과 같이 회고했다.

살고 싶다. 살아야 한다. 아직 할 일이 너무 많다. 상어에게 하반신을 뜯어 먹혀도 상반신만으로라도 살고 싶다.[23]

김대중은 1980년 다시 한번 죽음의 고비를 넘겼다. 그해 5월 17일, 신군부는 계엄 확대와 함께 김대중을 연행했다. 이후 신군부는 그를 광주항쟁의 배후 조정자로 몰아붙여 내란음모죄와 국가보안법 위반 등의 혐의로 기소했다.

그는 사형 선고를 받았다. 1981년 1월 23일, 대법원의 최종 판결을 앞둔 순간, 김대중은 당시 자신의 심정을 후일 다음과 같이 기록했다.

죽고 싶은 사람이 어디 있겠는가. 나도 살고 싶었다. 나는 제발 사형만은 면하기를 간절히 바랐다. 법정에서도 속으로 기도했다. 재판장의 입 모양을 뚫어지게 보았다. 입술이 옆으로 찢어지면, 사, 사형이었고, 입술이 앞쪽으로 튀어나오면 무, 무기징역이었다. 입이 나오면 살고, 찢어지면 죽었다.' 재판관의 입이 찢어졌다.

"김대중, 사형."[24]

인용한 두 글에서, 국가 권력에 의한 죽음을 눈앞에 둔 절망적인 상황에서 나약한 한 인간의 죽음에 대한 공포와 삶에 대한 절박함이 느껴진다. 사형 선고를 받은 김대중은 국내외의 구명 운동과 미국 정부의 외교적 개입으로 무기징역으로 감형되었고, 이후 미국으로 망명했다.

권력자에 의해 죽음의 문턱에까지 갔던 김대중은 1997년 선거에서 승리하면서 대통령이 되었다. 정권 교체와 함께

1999년 12월 27일, 송년 만찬에 참석한 전두환, 노태우, 최규하 전 대통령과 김대중 대통령.
ⓒ 연세대학교 김대중도서관

자신이 당했던 핍박에 대해 보복할 수 있는 권력을 갖게 된 것이다. 하지만 김대중 대통령은 집권 후 자신이 겪은 고통과 핍박에 대해 되갚지 않았다.

오히려 그는 화해와 용서를 기반으로 통합의 정치를 펼쳤다. 재임 중 그는 전직 대통령들과 여러 차례 만남을 가졌는데, 그중에는 자신을 죽이려 했던 전두환 전 대통령도 포함되어 있었다. 김대중은 정권 교체가 정치 보복을 불러오는 것이 아니라 민주주의 절차에 따른 대안적 정치 세력의 집권이라는 사실을 입증했다. 김영삼 대통령 때 '역사 바로 세우기'로 재판받고 투옥되었던 전두환, 노태우는 1997년 15대 대통령 선거 이틀 후인 12월 20일 당선자 김대중과 김영삼 대통령이 회동을 갖고 이들의 사면, 복권에 합의함으로써 12월 22일 석방되었다. 이후 이들은 전직 대통령으로 예우를 받았다.

1998년 7월 31일 청와대에서 김대중 대통령과 전직 대통령들의 만찬 행사가 열렸다. 현직 대통령이 전직 대통령 4명을 모두 초청해 식사를 함께한 것은 처음 있는 일이었다. 직전 대통령인 김영삼을 비롯하여 전두환, 노태우, 최규하 등 생존한 대통령이 모두 참석했다. (……) 한국에서는 취임식을 제외하고 전, 현직 대통령이 한자리에 모인 건 이날이 처음이었다.[25]

이처럼 김대중 대통령은 자신을 핍박하고 생명을 위협했던 전두환 전 대통령에게 보복하지 않고, 전임 대통령으로서 예우를 갖춰 대했다. 그는 화해와 통합의 정치를 실천한 것이다.

2009년 8월, 김대중 대통령이 서거를 앞두고 병원에 입원해 있을 당시, 전두환 전 대통령은 병문안을 와서 다음과 같이 말했다고 한다.

김(대중) 전 대통령 때 전직(대통령)들이 제일 행복했다. 김 전 대통령 재임 동안 10번 가까이 (청와대에) 초대받아 세상 돌아가는 상황을 정확하게 파악할 수 있었고 도움도 많이 받았다.[26]

한편, 자신에게 더 오랫동안 고통을 주었던 박정희 대통령에 대해서도 김대중 대통령은 화해와 용서의 정치를 실천했다.

현재 서울 마포구 상암동에는 박정희 대통령의 업적을 기념하는 박정희대통령기념관이 위치해 있다. 이 기념관은 김대중 대통령 재임 시절에 설립이 추진되었고, 관련 예산도 마련되었다. 김대중 대통령은 1997년 제15대 대통령 선거 당시 이를 공약으로 제시했으며, 취임 후 기념관 사업을 본격적으로 추진했다. 그는 박정희대통령기념사업회의 명예회장직까지 맡으며 사업을 뒷받침했다.

1999년 봄, 김대중 대통령이 청와대로 권노갑 씨를 불렀다. DJ는 권 이사장에게 이렇게 말했다고 한다. "나와 자네가 박정희 정권에서 가장 탄압을 받은 사람 아닌가? 정치적 화해를 한다는 상징적 의미로 박정희대통령기념관 건립 사업을 같이하자. 기념사업회장은 박 대통령 시절 경제부총리를 지낸 신현확 씨가 하는 게 좋겠다. 내가 명예회장을 맡을 테니, 자네가 박 대통령 딸인 박근혜 의원과 함께 부회장을 맡아서 일을 추진해 보라." 권노갑 이사장은 "현직 대통령이 전직 대통령 기념사업회의 명예회장을 맡는 건 매우 이례적인 일이었다. 더구나 박 대통령은 DJ를

탄압하고 죽이려고까지 했던 사람 아닌가……." 하고 말했
다.[27]

김대중 대통령의 박정희대통령기념관 설립에는 지지자
들의 많은 반대가 있었다. 하지만 김대중 대통령은 주변의
거센 반대에도 굴하지 않고 화해와 통합의 정치를 몸소 펼
쳤다.

## DJP 연합, 권력을 공유하다

김대중 대통령은 집권 당시 한국 정치사에서 보기 드문 정
치적 실험을 했다. 바로 공동정부 구성이다. 1997년 대선
에서 김대중은 김종필과 선거 연대를 구축했다. 김대중의
새정치국민회의와 김종필의 자유민주연합(이하 자민련)이
이른바 'DJP 연합'을 형성한 것이다. 'DJP 연합'은 김대중
의 영문 이니셜 DJ와 김종필의 영문 이니셜 JP를 합쳐 부
른 이름이다. 김대중과 김종필은 선거에서의 협력뿐만 아
니라, 집권 시 공동정부를 구성하기로 약속했다. 이는 일종
의 연립정부 구성을 의미한다.

김대중 대통령은 대통령 선거에서 승리한 후, 공동정부

구성이라는 약속을 지켰다. 그는 김종필 자민련 총재를 국무총리에 임명했고, 이후에도 박태준, 이한동 등 자민련 출신 인사들을 총리로 기용했다. 또한 재정경제부, 건설교통부, 과학기술부, 보건복지부, 해양수산부, 환경부 장관직을 자민련에 할당했다. 큰 틀에서 보자면, 경제와 사회 분야는 자민련이, 치안, 국방, 외교 분야는 김대중의 새정치국민회의가 각각 맡아 이끌어가는 형태로 공동정부를 구성했다.

한국 정치사가 통치자의 권력 독점욕으로 점철된 역사라는 점에서, 김대중 정부의 권력 공유는 정치사에 한 획을 긋는 의미 있는 시도였다. 많은 대통령이 선거에서 근소한 차이로 승리하더라도 집권 후에는 모든 권력을 독점하는 승자독식의 정치를 펼쳐온 것과 달리, 김대중 대통령은 권력의 독점이 아니라 권력의 공유라는 전례 없는 정치 실험을 감행했다. 공동정부가 구성되면, 양보와 협력 없이 한 정당이 독단적으로 정치나 정책을 주도할 수 없게 된다. 이처럼 정당 간 권력 공유를 통한 '타협의 정치'는 김대중 대통령이 남긴 또 하나의 중요한 정치적 유산이다.

## 민주적 공고화

그동안 한국이 세계 여러 민주주의 평가 기관으로부터 높은 평가를 받게 된 것은 결코 우연이 아니다. 민주화 이전, 대립하던 두 적대 세력 간의 타협과 협약에 기반한 민주화는 불안정한 출발이었지만, 이후 15년 동안 한국은 꾸준한 민주적 진전을 이뤄내며 연약한 민주주의를 공고히 다져왔다. 이러한 민주적 공고화는 노태우, 김영삼, 김대중 세 대통령의 업적 위에서 이뤄진 것이다.

세 명의 지도자는 '87년 체제' 출범의 기반이 된 타협과 합의의 정신을 지켜내며, 서로를 존중하고, 이견과 갈등을 정치력을 발휘하여 풀어냈다. 이와 같은 대통령들의 리더십은 신생 민주주의가 성장할 수 있는 중요한 토대를 마련했다.

1988년부터 2003년까지의 15년을 민주적 공고화라는 관점에서 평가한다면 다음과 같이 요약해볼 수 있다. 노태우 대통령은 권위주의 체제에서 민주화 체제로 넘어가는 전환기에 징검다리 역할을 하며, 민주화로의 이행이 무난하게 이뤄지도록 안정적으로 전환기를 이끌었다.

김영삼 대통령은 그 징검다리를 건너온 뒤, 앞으로 가야 할 길을 막고 있는 커다란 장애물을 제거하여 우리 민주주의가 나아갈 수 있는 기반을 마련했다.

그리고 김대중 대통령은 가지 않은 새 길을 열고 그 길을 평탄하게 다지면서, 새로운 시대로 나아갈 수 있도록 통합과 화해의 정치를 실현했다. 이 같은 일련의 과정을 거치면서 한국의 민주주의는 공고화되었고, 안정적인 궤도에 진입하게 되었다.

물론 노태우, 김영삼, 김대중 세 대통령 재임 시기에 있었던 모든 일을 긍정적으로만 평가할 수는 없다. 여러 측면에서 비판받을 만한 점도 적지 않을 것이다. 그러나 민주주의의 공고화라는 관점에서 보자면, 이들은 각자의 재임 기간 중 자신에게 주어진 시대적 요구를 잘 알고 있었고, 이를 실천하기 위해 노력했다. 살짝 언 얼음판처럼 쉽게 깨질 수 있었던 민주화 초기의 불안정한 상황에서, 이들은 타협하고 양보했다. 그리고 정치력으로 이견을 좁히고, 합의를 도출하면서 한국 민주주의의 공고화를 이뤄냈다.

최근 한국 정치가 다시 불안정해지고 민주주의가 퇴행하는 모습을 보이는 것은, 바로 이 시기의 '양보와 타협'이라는 정치적 관행이 무너지고, '관용과 통합'의 정치 리더십이 실종되었기 때문이다.

# 3부_____

DEMOCRACY

# 민주주의는 언제나

# 도전 받는다

최근 전 세계적으로 민주주의가 도전을 받고 있다. 선거 결과에 대한 불신은 점점 커지고 있으며, 대중의 감정에 기대는 포퓰리즘 정치가 갈수록 힘을 얻고 있다. 더욱이 진영 간 극단적인 대립이 정치적 양극화를 심화시키면서 민주주의의 후퇴를 우려하는 목소리가 높아지고 있다. 지금, 민주주의는 위기에 직면해 있다.

# 전 지구적으로
# 위협받는 민주주의

## 선거로부터 민주주의가 붕괴되다

민주주의는 결코 완성된 형태로 존재하지 않는다. 시대의 변화에 따라 민주주의는 끊임없이 새로운 도전에 직면한다. 때로는 그 도전으로 인해 심각한 어려움을 겪기도 하고, 어떤 경우에는 도전을 견디지 못하고 민주주의 체제가 무너지는 일도 벌어진다.

가장 대표적인 사례가 독일의 바이마르 공화국이다. 바이마르 공화국은 대단히 민주적인 제도를 가졌지만, 히틀러에 의해 무너졌다. 그러나 히틀러는 혁명이나 쿠데타, 폭동과 같은 폭력적인 방법으로 정권을 잡은 것이 아니다. 그는 선거를 통해 제1당의 대표가 되었다. 이후 총리로 임명

되면서 권력을 장악하고 독일을 독재 국가로 변모시켰다. 선거라는 절차를 거쳐서 히틀러라는 독재자가 등장한 것이다.

1932년 7월, 독일 바이마르 공화국에서 총선이 실시되었다. 이 선거에서 흔히 나치당으로 불리는 민족사회주의 독일노동자당이 제1당이 되었다. 나치당은 무려 37.3%의 득표율로 전체 608석 중 230석을 차지했다. 그러나 어느 정당도 나치당과 연립정부를 구성하려 하지 않았기 때문에 정부 구성에 실패했고, 결국 그해 11월 다시 총선을 치르게 되었다.

11월 총선에서 나치당의 의석수는 다소 줄었으나, 33.1%의 득표율로 196석을 확보하며 제1당의 지위를 유지했다. 그러나 두 차례의 선거에도 불구하고 정치적 교착 상태는 해소되지 않았다. 이전과 마찬가지로 다른 정당이 주도하는 연립정부 구성은 여전히 어려운 상황이었다. 이러한 정치적 혼란 속에서, 1933년 1월 당시 대통령이었던 파울 폰 힌덴부르크는 결국 아돌프 히틀러를 총리로 임명하게 된다.

아돌프 히틀러가 총리로 임명된 지 불과 한 달도 채 지나지 않은 2월 27일, 국회의사당 방화 사건이 발생했다. 이 사건은 나치가 의도적으로 조작한 것으로, 히틀러는 이를 공공안전과 질서 유지를 위한 비상 권한을 확보하는 계기로 삼았다. 이 사건을 빌미로, 히틀러 정권은 개인의 자유와 인권, 언론·집회·결사의 자유를 박탈하는 조치를 단행했다. 우편 검열, 무단 수색, 임의 체포가 가능해졌다.

독일은 독재 국가로 전락하게 되었다. 민주적인 제도와 헌법을 갖추고 있었던 바이마르 공화국이 순식간에 무너져버린 것이다. 이처럼 바이마르 공화국의 몰락은 민주주의 체제는 새로운 도전에 직면할 수 있으며, 그 도전과 위기를 버텨내지 못하게 된다면 언제라도 무너질 수 있다는 교훈을 준다.

## 민주주의의 퇴행

민주주의의 몰락은 제3의 물결을 타고 등장한 신생 민주주의 국가들에서도 마찬가지로 나타났다. 헝가리와 폴란드의 사례가 대표적이다. 이 두 나라는 1980년대 후반, 동유럽에서 민주화의 물결을 선도한 국가들이었다.

그러나 오늘날, 헝가리와 폴란드는 제3의 민주화 물결

을 경험한 국가들 가운데 민주주의 퇴행democratic backsliding을 대표하는 사례로 거론되고 있다. 이들 국가에서는 정치적 의도를 갖고 선거를 통해 선출된 행정부 수반이 견제와 균형, 권력 분립, 법의 지배를 유지해온 기존의 제도와 관습을 자의적으로 변경했다. 그 결과, 행정부에 대한 제도적 견제와 감시 기능이 약화했다.[28]

이들 국가에서 나타난 민주주의의 후퇴는 권력 간 견제와 균형의 원칙이 무너진 데서 비롯되었다. 특히 사법부의 독립성과 정치적 중립성이 훼손되면서, 권력 분립이라는 민주주의의 핵심 원칙이 크게 흔들리게 되었다.

헝가리는 소련의 영향력 아래 있던 1956년 헝가리 혁명을 통해서 소련의 지배에 저항한 역사를 갖고 있다. 당시 헝가리 시민들은 복수 정당제, 표현과 사상의 자유, 정치범 석방, 소련군 철수 등을 요구하며 민주화운동에 나섰지만, 소련은 탱크와 군대를 투입해 이를 무력으로 진압했다. 이후 헝가리는 1989년 다시 민주화의 길에 들어섰고, 1990년 3월 자유선거를 통해 민주주의 체제로 이행했다.

하지만 민주화를 위한 희생의 역사를 가진 헝가리는 2010년 빅토르 오르반Viktor Orbán 총리의 집권 이후, 민주주의가 퇴행하기 시작했다. 오르반 총리는 2010년 집권 이후 네 차례나 연속으로 선거에서 승리했다. 쿠데타나 혁명이 아닌 선거라는 정당한 절차를 통해 권력을 잡았지만 이후 시민의 권리, 언론의 자유, 특히 사법부의 독립성을 침해하면서 헝가리의 민주주의를 퇴보시켰다.[29]

빅토르 오르반 총리는 집권하자마자 헌법재판소를 무력화하는 조치를 단행했다. 그는 먼저 헌법재판관 수를 11명에서 15명으로 늘린 뒤, 기존에는 정당 간 합의를 통해 이뤄지던 재판관 임명 방식을 다수당이 일방적으로 지명할 수 있도록 변경했다. 헌법재판소를 자신에게 우호적인 인사들로 채운 것이다.

또한, 의회에서 확보한 다수 의석을 이용해 일부 재정 및 예산 관련 법안에 대해 헌법재판소가 위헌 심사를 할 수 없도록 하는 법안을 통과시켰다. 재정에 대한 사법적 견제를 불가능하게 만든 것이다.

헌법재판소뿐 아니라 일반 법원에 대해서도 인사권을 장악했다. 오르반 정부는 판사의 정년을 기존의 70세에서 62세로 대폭 낮춰, 연령 제한을 넘긴 판사들을 일괄 퇴임시켰다. 그로 인해 생긴 공석은 오르반 정부에 친화적인 인사들로 채워졌다. 사실상 사법부의 독립성이 무너진 것이다.

이뿐만이 아니다. 오르반 정부는 2011년 12월, '미디어법'을 제정해 본격적으로 언론 통제에 나섰다.[30] 언론을 통제하기 위해 '국가미디어위원회'라는 감독 기구를 신설하고, 이를 친정부 인사들로 구성해 TV, 라디오 등 주요 방송 매체를 장악했다. 또한 정부에 비판적인 언론은 언론사 자격을 박탈하거나 광고주에 압력을 가했다. 친정부 기업이 언론사를 인수해 운영하는 방식으로도 언론을 통제했다.

오르반 정부는 비판적 논조를 보이는 신문사를 폐간시키는가 하면, 학문의 자유도 침해했다. 헝가리 출신의 투자자 조지 소로스가 수도 부다페스트에 설립한 중부유럽 대학Central European University에 대해 재정적·행정적 압박을 가했고, 이로 인해 대학은 결국 오스트리아 빈으로 이전할 수밖에 없었다. 이 조치들은 모두 오르반 총리의 정당인 청년민주동맹Fidesz이 야당과의 협의 없이 다수 의석의 힘을 앞세워 일방적으로 밀어붙인 결과였다.

폴란드의 경우도 비슷하다. 폴란드는 공산주의 체제하에서도 자유노조 운동이 일어났던 국가다. 1989년에는 공산 정권과 자유노조가 함께 참여한 '원탁회의'에서 자유선거를 실시하기로 합의하면서 민주화를 이뤄냈다. 그러나 2015년 이후, 폴란드의 민주주의는 후퇴하기 시작했다. 폴란드에서도 역시 권력의 사법부 장악이 제일 먼저 시도되었다.[31]

2015년에 집권한 법과정의당[PIS]은 가장 먼저 헌법재판소 장악에 나섰다. 이전 정부가 임기 종료 직전에 임명한 5명의 헌법재판관에 대해 반대 입장을 밝혔고, 법과정의당 출신인 대통령은 이들에 대한 임명을 거부했다. 대신, 집권당이 지명한 인사들을 재판관으로 임명하면서 헌법재판소를 사실상 장악했다.

또한 폴란드는 헝가리와 마찬가지로 사법부 장악을 위해 법관의 퇴임 연령을 기존의 70세에서 65세로 낮추었다. 다수의 법관이 조기 은퇴하게 되었고, 그 빈자리는 집권당의 우호적인 인사들로 채워졌다. 아울러 2017년에는 대법원, 일반 법원, 행정 법원, 군사 법원 판사의 징계와 임명 제청 권한을 갖는 사법위원회의 15명 위원 선출 방식을 변경하여, 집권당인 법과정의당이 임명권을 독점할 수 있도록 했다.

폴란드는 선거관리위원회의 구성 방식도 변경했다. 과거에는 헌법재판소, 대법원, 최고행정법원이 추천하는 전·현직 판사 9명으로 선거위원회를 구성했으나, 개정된 방식에서는 하원이 7명, 헌법재판소와 최고행정법원이 각각 1명의 위원을 지명하도록 변경했다. 하원에서는 한 정당이 최대 3명까지 위원을 지명하도록 했는데, 집권당인 법과정의당은 직접 지명한 3명 외에도 헌법재판소와 최고행정법원이 지명한 2명에까지 영향력을 행사할 수 있었다. 이로 인해 법과정의당은 전체 9명의 선거위원 중 과반인 5명을 임명할 수 있게 되었다.

헝가리와 마찬가지로, 폴란드에서도 언론을 통제했다.[32] 법과정의당은 미디어법 개정을 통해 공영방송을 장악했다. 반정부 성향의 언론인 수백 명을 공영 TV와 라디오에서 내쫓았으며, 공영방송 책임자의 임명 권한도 정부가 통제했다. 또한 '폴란드 국가의 명예를 훼손하는 보도'를 금지하도록 했는데, 이에 대한 해석은 매우 주관적이고 자의적이어서 정부를 비판하는 내용이 무엇이든지 간에 '국가 명예 훼손'이라는 명목으로 금지할 수 있게 되었다.

이처럼 헝가리와 폴란드는 1980년대 후반 동유럽 민주화운동의 선두 국가였지만, 오늘날에는 결점이 있는 민주주의 체제flawed democracy로 전락했다. 의회의 다수 의석을 차지한 집권당이 주도한 일방적인 입법을 통해 행정부 수반에게 권력을 집중시켰고, 그 결과 단순한 권력 집중을 넘어 반민주적 독재체제를 구축하게 되었다. 입법부와 사법부, 그리고 선거의 공정성을 관리하는 선거관리위원회, 방송통신위원회, 검찰 기구 등 견제와 감시, 감독의 기능을 맡은 기구를 모두 자신들에게 유리하도록 법을 바꾸고 무력화시켰다.

한국과 유사하게 헝가리와 폴란드의 민주적 전환도 엘리트 간 합의를 바탕으로 한 포용적이고 타협적 이행의 특성을 보인다.[33] 두 나라 모두 공산당 온건파와 민주 세력 협상파가 협상을 통해 민주적 선거 실시에 합의했고, 이를 통해 민주화로 이행했다.

그러나 헝가리의 청년민주연합과 폴란드의 법과정의당은 타협과 합의에 의한 민주화 정신을 부정하며, 체제 전환을 '엘리트 간 야합'이라고 비판한다. 이들은 진정한 개혁을 위해서 공산당 계승 정당이든 민주 세력을 계승한 정당이든 모두 청산돼야 한다고 주장한다. 타협과 합의 대신,

주요 정치 세력들을 현상 유지적이고 반개혁적인 '기성 정치', '기득권 정치'로 몰아가며 포퓰리즘에 기반한 부정과 배척의 정치를 펼치고 있는 것이다.

이 두 국가의 사례가 보여주듯, 민주주의는 끊임없이 도전을 받고 있다. 사법부에 대한 공격으로 견제와 균형의 원칙이 무너지면, 통치자에게 권력이 집중되고 이는 다시 언론에 대한 통제로 이어진다. 결국 민주주의의 퇴행은 개인의 자유와 인권 침해로 귀결된다.

## 도대체 민주주의에 어떤 문제가 있는가

2014년, 영국의 권위 있는 시사주간지 『이코노미스트』는 "What's gone wrong with democracy"라는 표제를 내세웠다. '도대체 민주주의에 뭐가 잘못되고 있을까'라는 의미의 이 제목은 2014년경 전 세계적으로 민주주의가 상당한 도전을 받고 있었다는 것을 시사해준다.

흥미로운 점은 신생 민주주의 국가뿐 아니라 미국, 영국, 독일, 프랑스 등 비교적 오랜 민주주의 전통을 가진 국가들에서도 민주주의가 위협받고 있다는 사실이다. 이번에는 오래된 민주주의 국가들이 직면한 '민주주의에 대한 도전'을 살펴보자.

2021년 1월 6일, 미국 의회 의사당이 폭도들에 의해 점령당하는 사태가 발생했다. 이 폭동을 사실상 유도하고 부추긴 이는 다름 아닌 대선에서 패배한 후, 퇴임을 앞둔 도널드 트럼프 대통령이었다. 트럼프는 자신의 지지자들을 선동했다. 다음은 당시 그가 대중 앞에서 행한 연설 내용의 일부다.

우리는 절대 포기하지 않을 것이다. 우리는 절대 양보하지 않을 것이다. 그런 일은 일어나지 않을 것이다. 도둑질이 연루된 것에 양보하지 않는다. 우리나라는 참을 만큼 참았다. 우리는 더 이상 참지 않을 것이다. 이게 전부다. (……) 우리는 도둑질을 멈추게 할 것stop the steal이다.

당신은 적법하지 않은illegitimate 대통령을 갖게 될 것이다. 당신들은 바로 그런 대통령을 갖게 될 것이고, 우리는 그런 일이 일어나도록 내버려둘 수 없다. 이것은 가짜 뉴스 미디어fake news media에서 들을 수 없는 사실이다. (……) 그들은 그것에 대해 이야기하고 싶어 하지 않는다.

이제 우리 민주주의에 대한 이 끔찍한 공격에 맞서는 것은 의회에 달려 있다. 그러고 나서 우리는 걸어 내려갈 것이고, 나는 거기에 여러분과 함께 있을 것이다. (······) 우리는 의사당에 갈 것이고, (······) 우리는 공화당원들에게 우리 조국을 되찾기 위해 필요한 자부심과 담대함을 주려고 노력할 것이다.[34]

트럼프의 연설은 대중에게 '의회로 가자'며 선동하고 있다. 표를 도둑질당하는 부정선거로 인해 낙선했기 때문에, 이를 바로잡기 위해 의사당으로 달려가야 한다는 것이다. 의회 의사당으로 행진해서 선거인단 투표 결과에 대한 의회의 승인을 가로막으라는 메시지다. 이들의 폭동이 시작되었을 때, 트럼프는 즉각 공격을 멈추라는 요청을 거부했다. 심지어 세 시간이나 넘게 주방위군 파견 요청 승인을 미루며 폭동을 방치하고 도왔다.[35]

의사당 폭동으로 인해 의회 경찰관 1명을 포함한 총 5명이 사망했다. 의사당 폭동이라는 충격적인 사건이 민주주의의 전범典範이라는 미국에서 벌어졌다. 이는 선거라는 절차적 민주주의의 공정성을 부정하고, 선거 패배를 인정하지 않을 때, 폭력적인 혼란과 분열이 초래될 수 있음을 보여주는 사례다.

오늘날 민주주의에 대한 심각한 도전으로 꼽을 수 있는 것 중 하나는 '포퓰리즘의 부상'이다. 영어 사전을 출간하는 영국 케임브리지 대학 출판부가 2017년 선정한 '올해의 단어'는 '포퓰리즘Populism'이었다. 『케임브리지 사전』의 정의에 따르면, 포퓰리즘은 '피플people'의 라틴어 어원인 '포풀루스populus'에서 기원하며, 보통 사람들의 요구와 바람을 대변하려는 정치사상, 활동을 의미한다.

한 조사에서는 2018년 말 기준으로 전체 유럽연합 국가들의 전체 유권자 중 30.3%가 포퓰리즘 정당에 투표했을 것으로 추정했다.[36] 2019년 기준, 유럽연합 28개 회원국 중 포퓰리스트 정당이 의회 의석을 확보하지 못한 국가는 아일랜드, 몰타, 포르투갈, 루마니아, 크로아티아 등 5개국뿐이며, 나머지 23개국에서는 포퓰리스트 정당이 의석을 확보했다.[37] 앞서 살펴본 헝가리의 집권당 청년정치동맹이나 폴란드의 법과정의당 또한 대표적인 포퓰리즘 정당이다. 트럼프 대통령도 대표적인 포퓰리스트 정치인이다. 이처럼 많은 나라에서 포퓰리즘이 민주주의를 위협하고 있다. 이런 일은 미국뿐만 아니라 의회민주주의의 모범 국가라고 여기는 영국에서도 나타났다.

영국은 2020년 1월 유럽연합에서 탈퇴했다. 이른바 브렉시트Brexit인데, 유럽연합 탈퇴를 두고 2016년 국민투표가 진행되는 과정에서, 탈퇴를 주장한 측은 대대적인 포퓰리즘을 동원했다. 브렉시트의 가장 대표적인 구호는 "통제권을 되찾자Take back control"로, 초국가 기구인 유럽연합에서 벗어나 영국의 주권을 회복하자는 의미였다.

하지만 실제 국민투표 운동 과정에서 부각된 것은 반反이민 구호였으며, 이는 근거 없는 감정적 선동이었다. 선정적인 내용을 기사 제목으로 자주 뽑는 타블로이드 신문들은 "50만 명의 이민자가 공공주택을 차지한다", "이민자들이 쏟아져 들어오려고 한다", "우리가 내쫓을 수 없는 4천 명의 외국인 살인자와 강간범들", "이민자들은 영어 사용을 꺼린다", "이민자들의 침공으로 영국에서 폭동이 시작될 것이다", "루마니아 범죄자들이 우리 거리를 공포에 떨게 한다", "이민자들에게 예의를 가르치기 위해 네가 그 비용을 부담해야 한다" 등 사실과 다른 내용을 부각시키며 이민자들에 대한 적개심을 조장했다.

경제적 어려움의 원인을 이민자들에게 전가하는 정치

적 선동의 결과, 결국 브렉시트 국민투표는 탈퇴 51.9%, 대 잔류 48.1%로 유럽연합 탈퇴로 결정되었다. 포퓰리스트의 선동으로 잘못된 결정이 내려진 것이다.

포퓰리즘 정치는 미국과 영국뿐만 아니라 여러 서구 민주주의 국가에서도 나타나고 있다. 프랑스에서는 2022년 대통령 선거에서 극우 정당인 국민연합Rassemblement National의 마린 르펜Marine Le Pen이 결선 투표에 진출했다. 프랑스 대통령 선거는 결선투표제를 채택하고 있는데, 1차 투표에서 과반 득표자가 없으면 상위 1, 2위 후보를 대상으로 2주 뒤에 2차 결선투표를 실시한다.

1차 투표에서 현직 대통령인 에마뉘엘 마크롱Emmanuel Macron 후보가 27.85%를 득표했고, 마린 르펜은 23.15%로 2위를 차지해 결선투표에 진출했다. 최종 결선투표에서는 마크롱이 58.54%를 얻어 41.46%에 그친 르펜을 누르고 당선되었지만, 반유럽연합, 반이민자, 반이슬람을 핵심 정책으로 내세운 극우 포퓰리스트 후보가 40%가 넘는 득표를 기록한 것은 놀라운 일이었다.

2022년 9월 이탈리아 총선에서는 반이민 정책을 강조하는 극우 정당인 이탈리아 형제들Fratelli d'Italia, FdI이 26%의 득표율로 400석 중 119석을 차지해 제1당이 되었다. FdI 의 당수 조르자 멜로니Giorgia Meloni는 우파 연합을 이끌며 이탈리아 총리에 취임했다.

스웨덴에서도 2022년 총선에서 극우 성향의 스웨덴 민주당이 107석을 얻은 사민당에 이어, 두 번째로 많은 73석을 차지하며 원내 제2당이 되었다. 핀란드 역시 2023년 총선에서 극우 포퓰리즘 정당인 핀란드당Finns이 20.1%의 득표율로 46석을 얻어 제2당이 되었다. 핀란드당은 스웨덴 인민당, 기독교 민주당과 함께 국민연합당이 이끄는 연립정부의 일원으로 참여했다.

2025년 2월, 독일 연방선거에서는 '독일을 위한 대안Alternative für Deutschland, AfD'이라는 극우 정당이 20.8%의 득표로 151석을 차지하며 제2당이 되었다. 제1당인 기민/기사연합은 208석을 얻었지만, 전통적으로 독일 정치를 이끌어온 사민당은 16.4%의 득표로 121석을 확보하는 데 머물렀다. 나치 시대의 어두운 역사를 극복해온 독일에서, 전후 처음으로 반이민과 친러시아 정책, 그리고 유럽 통합에 회의적인 입장을 갖는 극우 정당이 총선에서 큰 지지를 받은 것이다.

이처럼 그동안 민주주의가 굳건하게 확립되어 있다고 믿어온 많은 국가에서도 민주주의가 흔들리고 있다. 그렇다면 도대체 민주주의를 뒤흔드는 포퓰리즘이란 무엇일까?[38]

# 선동과 배제가
# 정치를 주도했을 때

## 순수한 대중 vs. 탐욕스러운 엘리트

포퓰리즘을 하나의 명확한 정의로 규정하기는 어렵지만 포퓰리즘이 가진 공통된 특성들이 있다. 포퓰리즘은 하나의 정교한 이데올로기라기보다는 정치적 경향으로 이해하는 것이 더 적절하다는 것이다.

포퓰리즘이라는 단어는 어원적으로 '대중' 혹은 '인민 people'과 관련 있다. 따라서 포퓰리즘의 정의는 우선 여기서 출발해야 한다. 포퓰리즘이 말하는 '대중'은 상대적인 개념이다. 대중의 반대편에는 '엘리트'가 존재한다. 포퓰리즘은 이러한 대중과 엘리트 간의 구분을 전제로 한다.

포퓰리즘에서 다수의 대중은 고결하고 순수한 존재로

여겨지는 반면, 엘리트는 탐욕스럽고 비도덕적이며 타락한 존재로 인식된다. 이때 말하는 엘리트는 국회의원, 법조인, 관료, 기업인 등 정치, 경제, 사회 영역의 모든 지배층을 포함한다. 따라서 포퓰리즘은 고결하고 순수한 보통의 대중이 타락했고 비도덕적이며 무능한 엘리트에 대항하는 정치라는 프레임을 만든다. 그리고 그 결과는 반드시 인민의 일반 의지가 승리하게 된다는 것이다. 이처럼 포퓰리즘은 기본적으로 반엘리트주의 속성을 갖는다.

비도덕적이고 탐욕스러운 엘리트는 대중의 뜻을 제대로 대변할 수 없을 것이다. 그래서 포퓰리즘은 이들이 주도하는 대의제나 정당을 통한 간접적 참여보다는 대중의 직접적인 정치 참여를 중시한다. 대의제와 기존 정당 체제에 대한 강한 불신을 갖는 것이다. 기존 정당이나 정치 엘리트는 기득권을 대표할 뿐이므로, 이들에 의한 매개보다는 대중의 직접적인 참여와 의사 표출을 선호한다.

즉, 대의제나 전통적인 정치 과정에 기대기보다, 엘리트의 개입이 필요 없는 국민투표나 국민청원 같은 참여 방식을 통해 대중이 직접 중요한 정책을 결정하도록 하자는 입장이다.

포퓰리즘의 또 다른 특징은 분열과 배제의 정치이다. '아군과 적'이 명확히 구분되며, 배제와 증오의 대상이 존재한다. '우리'와 '그들'로 나누는 이분법적 사고는 민족주의, 애국주의, 인종주의, 지역주의 등과 결합된다.

유럽이나 미국에서 반이민을 주장하는 정당들은 자국의 경제적 어려움이나 범죄의 원인을 외부, 즉 '우리'가 아닌 '그들'에게서 찾는다. '그들'이 '우리'가 아닌 까닭에 경제적·사회적 어려움이 발생했으니, 그들을 배척하고 배제해야 한다는 논리다.

과거 히틀러도 독일의 어려움을 유대인과 공산주의자들에게 돌렸고, 이는 비극적인 홀로코스트로 이어졌다. 최근 유럽에서 보이는 민족주의, 인종주의, 애국주의, 지역주의 정서와 이에 따른 반이민, 반난민, 국수주의, 보호무역주의, 분리주의, 반유럽연합 주장은 모두 이러한 논리와 맥을 같이한다.

트럼프 대통령이 미국 남부 국경에 '크고 아름다운 장벽a big, beautiful wall'을 세우겠다고 한 발언은 대표적인 포퓰리즘 표현이다. 중남미 국가 출신의 이민자인 '그들'은 결코 '우리'가 될 수 없으며, 그들을 막아야 한다는 것이다. 이처럼 적대감과 배척, 배제의 정치는 포퓰리즘의 핵심 특성 중 하나이다.

이 때문에 포퓰리즘은 자유민주주의의 핵심 가치인 다원주의를 부정하는 성격을 지닌다. 다원주의란 자유롭고 평등하며 다양한 견해와 주장을 가진 사람들이 서로의 차이를 인정하고 존중하며 함께 살아가는 것을 의미한다. 그러나 대중의 의지를 절대화하고, 특정 집단이 다른 집단에 대해 우위와 순수성을 갖는다는 전제를 내세우는 포퓰리즘에서는 다원주의를 받아들이기 어렵다. 따라서 포퓰리즘은 반자유주의적이고 집단주의적인 속성을 가진다.

## 포퓰리즘은 왜 등장하게 되었나

포퓰리즘은 실제로 존재했는지 여부와 상관없이 사람들이 마음속에 그리는 미지의 이상향을 강조한다. 트럼프가 내세운 "미국을 다시 위대하게Make America Great Again"라는 슬로건이 그 대표적인 예이다.

현재 미국은 경제력, 첨단산업 기술, 군사력 등 여러 면에서 다른 나라들에 비해 압도적 우위를 점하고 있다. 그렇다면 트럼프가 '다시 만들겠다'고 한 그 '위대한 시절'은 과연 언제였던 것일까?

중국과의 경제적·군사적 패권 경쟁도 원인이겠지만, 트럼프의 포퓰리즘 핵심에는 인종주의적·문화적 요소가 자리 잡고 있다. 그는 과거 백인 중심으로 살아가던 전통적인 미국 사회가 '위대했던 시절'이며, 잃어버린 그 시절을 되찾아야 한다고 강조한다. 트럼프의 눈에 비친 오늘의 미국 사회는 인종적으로나 문화적으로 다양하고 상이한 이민자들이 가득하기 때문이다.

그런 점에서 미국 포퓰리즘에는 문화적 요인도 깊이 작용한다. 미국의 정치 양극화는 기독교 문화와 전통적인 가족 규범, 그리고 백인 중심 사회에 대한 향수와 밀접하게 연결되어 있다. 이러한 정치적 대립은 '문화전쟁culture war'이라고도 불린다.[39]

1970년대 이후 탈물질주의 가치가 부상하고 진보적 흐름이 확산되면서, 인종, 환경, 결혼과 가족 구성, 성性 문제 등에 대해 개방적이고 수용적인 태도가 확산되었다. 이런 문화적 변화에 대한 반발과 저항이 트럼프 포퓰리즘의 또 다른 배경이 되고 있는 것이다.

더욱이 최근 들어 인구 구성에서 유색 인종의 비율이 증가하고, 오바마 대통령처럼 비백인 대통령이 등장하면서 전통적인 백인 우위의 약화에 대한 백인들의 두려움도 커졌다. 트럼프는 이민자나 중국 등 '외부자'를 적대와 분노의 대상으로 삼는 포퓰리즘을 활용하면서 지지를 호소했다. 이처럼 포퓰리즘에는 민족주의, 인종주의, 애국주의 등 감성적이고 정서적인 내용이 동원된다.

미국은 문화적 요인을 기저에 깔고 있다고 해도, 어떤 이유로 최근 들어 포퓰리즘이 전 세계적으로 급격히 확산되며 민주주의를 위협하게 된 것일까?

1930년대 파시즘이 세계 대공황과 밀접한 관련이 있었던 것처럼, 오늘날 포퓰리즘도 경제 환경 변화와 깊은 연관이 있다. 산업구조가 변화하면서 전통적인 제조업이 개발도상국으로 이선했고, 이에 따라 선진국의 중산층과 노동계층이 심각한 어려움을 겪게 되었다. 국가 경제가 성장해도 고용은 늘어나지 않는 상황이 벌어진 것이다. 더불어 산업구조가 서비스, 금융, 지식 중심 산업으로 재편되면서 고용 환경도 급격히 변화했다.

탈산업화post-industrialization 시대가 도래하면서, 사회는 고등 교육을 기반으로 한 실력 중심 사회로 변화했다. 그 결과, 교육 수준이 낮은 미숙련 노동자의 고용 안정성은 크게 낮아졌다. 여기에 이민 노동자와의 일자리 경쟁이 더해지면서 기존 정치권과 기득권층에 대한 불만이 높아졌고, 이민자에 대한 적대감도 커졌다. 경제적 어려움에 처한 이들이 늘어났지만, 세계화로 인해 각국이 밀접하게 연계되면서 국가 내부의 문제를 국가 내에서 해결하는 데도 한계가 생긴 것이다. 특히 통합이 심화된 유럽연합 회원국에서는 이 문제가 더욱 심각하다. 유럽 각국에서 포퓰리스트 정당들이 EU 탈퇴를 주요 어젠다로 내세우는 것도 바로 이 때문이다.

2016년 미국 대통령 선거에서 트럼프가 등장하고, 2024년 대선에서 재선에 성공한 배경 중 하나도 미국 내 경제적 불평등 확산과 중산층 붕괴 등 경제 문제에 대해 기존 정치권이 효과적으로 대응하지 못했기 때문이다. 주류 정치에 대한 분노와 아웃사이더에 대한 기대감이 트럼프를 향한 지지로 이어진 것이다.

### 연계가 취약해지다

과거 유럽은 안정적인 정당 체계를 갖추고 있었다. 좌파 정당은 노동조합이나 계급정치와 긴밀히 연결되어 있었고, 이러한 정치적 관계는 사회경제적 유대에 기반을 두고 있었다. 또한 종교와 정당이 결합하는 경우도 많았다.

그러나 1970년대부터 계급의식이 약화하고 노동조합의 영향력도 감소했다. 아울러 교회에 다니는 사람과 종교 활동 참여자 수도 크게 줄어들었다. 이처럼 정당이 기반하고 있던 계급적·종교적·사회적 유대가 약화하면서 유동적인 유권자가 증가했다. 정치적 유대를 잃은 이들이 그만큼 포퓰리즘의 호소에 쉽게 반응하게 된 것이다.

정당 정치의 변화와 관련해 또 다른 중요한 요소는 정당 간 정책적 차이가 줄어들었다는 점이다. 세계화가 진행되고 산업구조가 전통적 제조업에서 서비스, 문화, 금융, 소프트웨어, 인공지능^AI, 로봇 등으로 변화하면서, 좌파 정당 역시 과거처럼 분배, 노동, 복지 문제만 강조할 수 없게 되었다.

경제 성장, 세계화에 대한 대응, 첨단산업 투자 등 과거에는 전통적인 좌파 정당이 상대적으로 덜 중시했던 분야에도 관심을 보이지 않으면 안 되는 상황이 되었다. 이런 변화는 결과적으로 좌파 정당과 우파 정당의 정책적 차이를 크게 줄여놓았다.

산업구조의 변화 속에 '사회적 패자'라고 생각하는 이들에게는 자신을 대표하는 정당은 찾을 수 없고 '그 나물에 그 밥'인 정당들뿐인 것이다. 이는 기존 정당 정치에 대한 불신으로 이어진다. 이런 상황에서 외부의 적을 만들어내고, 현재 겪고 있는 어려움의 책임을 그들에게 전가하면서 인종주의적·민족주의적 감정을 동원하는 포퓰리즘 정당이 이들에게 호소력을 갖는 대안으로 떠오른 것이다.

이 같은 현상은 남의 나라 이야기만이 아니다. 한국 역시 포퓰리즘의 위협에서 자유롭지 못하다. 정당과 의회에 대한 불신이 높은 상황에서 보수, 진보를 막론하고 대통령이나 정당의 정치적 역량에 대한 회의감이 커졌다.

기존의 정치권에 대한 불신 속에 선거 때가 되면 종종 정치권 밖에서 참신한 이미지를 구축한 인물에게 관심이 높아진다. 정치 경험이 없고 역량을 검증받은 적도 없지만, 그런 '경험 없음'이 오히려 참신함으로 유권자의 주목을 받게 되는 것이다.

또한 경제 성장의 기억이 담긴 '찬란한 과거'와 '강한 권력자'에 대한 막연한 향수도 존재한다. 반엘리트주의, 대의 기관에 대한 불신, 정치 혐오, 과거에 대한 이상화된 기억 등은 모두 포퓰리즘을 부르는 요소이다. 여기에 심각한 정치적 양극화까지 더해지면서, 한국도 포퓰리즘 정치에 매우 취약한 상황에 놓여 있다.

# 분열로 치닫는
# 양극화 정치

## 모두가 양극화의 갈등을 느끼다

한국에는 유럽과 같은 수준의 포퓰리스트 정당이라고 부를 만한 정당은 없다. 하지만 포퓰리즘은 양극화된 정치와 잘 어울린다. 포퓰리즘은 적대, 배제의 정치이고, '그들'에 대한 미움과 분노에 기반한다.

한국은 정치적으로 매우 양극화된 사회가 되었다. 한 조사에 따르면, 전체 응답자의 10명 중 4명 이상이 정치 성향이 다르면 밥조차 함께 먹기 싫다고 응답했다.[40]

정치 커뮤니케이션 방식이 변화하면서 정치적 양극화 현상은 더욱 심각해지고 있다. 과거에는 신문, TV, 라디오 등 전통적 매체가 사회적 이슈를 제기하고 이를 공론화하는 역할을 했지만, 오늘날에는 개인이 스스로 관심 있는 정보만을 선택적으로 소비하게 되면서 정보 유통 방식이 크게 변화했다.

흔히 인터넷을 '정보의 바다'라고 표현하지만, 정보의 양이 많다고 해서 다양한 정보를 고르게 접하는 것은 아니다. 사람들은 수많은 정보 중에서 자신이 관심 있는 것, 익숙하고 편한 내용만을 선택해 소비하는 경향이 강하다. 특히 유튜브와 같은 플랫폼에서는 알고리즘이 개인의 취향에 맞춘 유사한 콘텐츠만을 반복적으로 제공하면서 정보의 다양성은 더욱 축소된다.

오늘날의 정치 커뮤니케이션은 정보의 확산이 아니라 특정한 방향성을 띤, 선택적이고 파편화된 정보 소비로 이끌고 있다. 이는 정치적 양극화를 더욱 고착시키는 원인이 된다. 이 같은 정보 환경은 개인의 관심 영역을 과도하게 분절화시키고, 정치적 소통의 폭을 극도로 좁혀놓는다. 아무리 다양한 정보가 존재하더라도, 개인은 결국 자신이 듣고 싶은 이야기, 보고 싶은 장면, 믿고 싶은 주장만을 선택해 소비한다. 이런 방식으로 정보를 선택하고 소비하면, 설사 그것이 사실이 아니거나 왜곡된 정보라 하더라도 기존의 생각과 신념을 강화하고 그에 대한 확신을 갖게 하는 역할을 한다. 결국 내 생각과 다른 내용은 피하게 되고, 믿고 싶은 유사한 정보만을 반복적으로 접하게 되는 것이다.

다른 사람과의 소통에서도 나와 다른 생각을 갖는 이들과의 접촉을 피하게 되고, 나와 비슷한 생각을 갖는 이들끼리 폐쇄적이고 제한적인 교류만 하게 된다. 실제로 트위터 (현 X)에서 자신과 같은 의견을 가진 사람을 팔로우하고, 반대 의견을 가진 사람을 언팔로우하거나 차단해 아예 소통을 끊어버리는 일이 자주 일어난다. 정치적으로도 자신과 유사한 견해를 갖는 이들끼리만 의견을 나누고 소통한다. 이는 마치 동일한 소리만 반복해서 울리는 '반향실echo chamber'에 갇혀 있는 것과 같다. 이렇게 되면 그 정보의 사실 여부보다 내 생각과 신념에 조응하는 정보인지가 오히려 더 중요해진다.

이 같은 정보 환경에서는 허위 조작 정보disinformation, 즉 가짜뉴스나 근거 없는 주장에도 매우 취약해진다. 특히 정치적 양극화가 심각해진 상황에서 정파성이 강한 이슈가 부상하면, '선한 우리 편'과 '악한 그들'이라는 포퓰리즘적인 이분법의 구도가 형성되기 쉽다. 이 경우 정치적 양극화와 정파적 확증 편향이 만나게 되고, 이는 상대편에 대한 배제와 적대의 감정으로 이어지게 된다.

그렇다면 과거에는 왜 이런 현상이 덜했을까? 과거에는 정보의 흐름을 통제하고 검증하는 '문지기', 즉 게이트키퍼 gatekeeper의 역할이 존재했기 때문이다. 게이트키퍼는 허위이거나 왜곡된 정보가 발생했을 경우, 이를 걸러내고 진위를 확인해 잘못된 정보가 대중에게 전달되지 않도록 관리하는 중간 매개자 역할을 했다. 과거의 소통 구조에서는 게이트키핑을 담당하는 훈련된 언론인들이 존재했다. 이 때문에 허위로 조작된 정보의 유통은 쉽게 일어나지 않았다.

하지만 지금은 상황이 달라졌다. 디지털 미디어 환경에서는 정보 생산의 주체도 다양해졌고 유통 속도도 비약적으로 빨라졌다. 그만큼 전통적인 게이트키퍼의 영향력도 크게 약화했다. 이와 함께 사회 현상에 대해 그 진위와 의미를 해석해주던 권위 있는 사회 원로나 지식인층의 영향력도 크게 줄어들었다.

이제는 누구나 정보를 직접 접할 뿐 아니라, 정보를 직접 만들어내고 확산시킬 수 있는 시대가 되었다. 온갖 정보와 소식들이 별다른 여과 과정 없이 무차별적으로 쏟아져 나오는 세상이다. 이처럼 정보의 접근과 생산이 쉬워진 환경에서, 더 많은 소비와 유통을 끌어내기 위해서는 '뻔하지 않음'—즉, 더 자극적이고 극단적인 정보나 주장—이 점점 더 중요해지고 있다. 상식적이고 합리적이며 온건한 주장보다 과격하고 강경한 주장이 더 많은 주목을 받으며, 소통 구조를 지배하게 된다. 과격하고 강경한 주장들이 주도하는 공론장에서는 사회적 타협이나 합의 형성은 매우 어려울 수밖에 없다.

여론 형성에 있어 극단화된 소통 방식의 영향력이 커지면서, 이를 매개하는 정당 정치와 대의 정치의 역할도 함께 약화하고 있다. 과거의 정치 지도자들은 때때로 지지자들이 반대하는 사안도 이들을 설득하며 이끌었지만, 오늘날에는 여론에 편승하거나 비위 맞추기에 급급한 태도를 보이는 정치인들이 많다. 이는 다시 대의민주주의에 대한 신뢰 하락에 영향을 미친다.

동아시아연구원EAI은 윤석열 대통령이 재임 중이던 2024년 1월 가짜뉴스와 정파성 간의 관계를 분석하기 위한 실험을 진행했다. 이 실험에서는 정당 지지 성향에 따라 관심을 가질 만한 허위 정보를 제시하고, 이에 대한 반응이

지지 정당별로 어떻게 다르게 나타나는지 비교했다.[41] 우선, 더불어민주당 지지자들이 관심을 가질 만한 가짜뉴스는 다음과 같이 선정했다.

① 대통령실이 용산으로 이전하면서 주변의 교통체증이 심각해졌다.

② 현 정부는 일본 후쿠시마 원전 오염수(처리수)에 대한 사실을 감추고 있다.

③ 한동훈 법무부 장관이 청담동 술집에서 윤석열 대통령, 김앤장 변호사 30여 명과 새벽까지 술을 마셨다.

④ 내장동 시건은 윤석열 대통령이 검사 시절 부산저축은행 불법 대출 사건 수사 때 대장동 대출 건만 '봐주기 수사'를 해서 발생한 것이다.

국민의힘 지지자들이 관심을 가질 만한 그릇된 정보는 다음의 네 가지 사안을 제시했다.

① 한국전력의 적자가 대단히 크게 발생한 것은 (문재인 정부의) 탈원전 정책 탓이다.

② 2020년 국회의원 선거 때 개표 조작 등 선거 부정이 있었다.

③ 북한이 선관위의 선거 시스템에 해킹으로 침투한 흔적이 발견되었다.

④ '검수완박(검찰·경찰 수사권 조정)'으로 경찰의 수사 부담이 커지면서 지구대 인력이 부족해졌다.

이렇게 여덟 개의 허위 정보에 대한 반응을 살펴보았더니, 이들 정보를 사실로 받아들이는 태도가 어느 정당을 지지하느냐에 따라 서로 다르게 나타났다.

다음의 표 〈지지 정당에 따른 허위 정보에 대한 신뢰 정도〉에서 보듯 싫어하는 정당에 대한 부정적 뉴스는 일단 사실로 믿으려는 태도가 두 정당 지지자 모두에게서 확인되었다. 이는 통계적으로도 유의미한 것으로 나타났다.

예를 들어, 윤석열 대통령에 대한 부정적 허위 정보를 더불어민주당 지지자들은 '사실일 가능성이 있다'고 응답한 비율이 국민의힘 지지자들보다 더 높았다. 반면, 문재인 대통령에 대한 허위 정보나 국민의힘 지지자들이 관심을 가질 만한 허위 정보에 대해서는 국민의힘 지지자들 사이

|  | 지지 정당 | 평균 | t－검정* |
|---|---|---|---|
| 더불어민주당 지지자 관심 이슈 | 더불어민주당 | 3.229 | 28.89 p<.00 |
|  | 국민의힘 | 1.940 |  |
| 국민의힘 지지자 관심 이슈 | 더불어민주당 | 2.172 | －14.09 p<.00 |
|  | 국민의힘 | 2.771 |  |

(1-전혀 사실이 아니다, 2-대체로 사실이 아닐 것 같다, 3-대체로 사실일 것 같다, 4-전적으로 사실이다)
* t-검정은 두 평균을 비교한 값이 통계적으로 의미 있게 차이가 나는지를 평가하는 기법이다.

**지지 정당에 따른 허위 정보에 대한 신뢰 정도**

에서 사실일 것으로 믿는 비율이 더불어민주당 지지자들보다 더 높게 나타났다. 이처럼 허위 정보조차도 정파에 따라 그것을 사실로 받아들이는 태도가 뚜렷하게 달라지는 양상을 보였다. 정치적 양극화가 심각해지면서, 정파적 지지에 따라 자신들이 듣고 싶고, 믿고 싶은 정보만 받아들이려는 경향이 이 실험에서도 명확히 드러났다.

## 타협의 정치가 사라지다

도대체 한국은 왜 이처럼 극심한 양극화 갈등을 겪고 있는 것일까? 미국에서는 '문화 전쟁'이라고 불릴 만큼 문화적, 인종적, 종교적 의미를 담고 있지만, 우리 사회의 갈등에서는 그와 같은 요소를 찾을 수 없다.

한국 사회의 양극화는 어떤 명확한 사안에 근거한다기보다는, 거부와 적대라는 정서적 양극화, 다시 말해 감정적 적대감에 기반하고 있다. 이러한 현상이 나타난 것은, 최근 한국 정치가 민주화 초기의 타협과 합의 중심의 정치에서 벗어났기 때문이다. 이제는 타협과 양보보다, 상대에 대한 거부와 적대감이 정치 전반을 지배하고 있다.

'제3의 민주화 물결'에서 헌팅턴은 민주주의가 공고화되기 위해서는 최소 두 차례의 정권 교체two turnover test가 필요하다고 이야기한 바 있다.[42] 두 번의 정권 교체가 필요하다는 의미는 단지 권력이 두 차례 바뀌는 것에 그치지 않고, 새로운 정치 질서 안에서 상대를 적법한 존재로 인정하고 정치적 공존을 수용한다는 뜻이다. 두 번의 정권 교체면 여야 간 입장이 두 번 바뀌는 것이다. 야당이 여당이 되고, 여당이 야당이 되는 상황의 변화를 통해 권력을 잃은 상대방의 처지를 이해하는 '역지사지易地思之'를 경험하게 된다. 이 경험을 통해 권력 이양은 원만하게 이루어지게 되고, 또 공존을 추구하는 정치가 성립하게 된다.

하지만 정권 교체가 야당 시절 겪었던 고통이나 억압, 차별을 되갚으려고 한다거나 경쟁 상대를 아예 배척하는

'부정과 보복의 정치'로 이어지게 된다면 신생 민주주의는 불안정해질 수밖에 없다.

앞서 언급했듯이, 한국이 민주적 공고화를 이룰 수 있었던 것은 민주화 과정과 그 이후의 이행기에서 협약과 타협을 바탕으로 정치 엘리트들이 합의를 존중하고 타협의 정치를 실천했기 때문이다. 최근의 정치 위기는 이 같은 타협과 합의의 정치가 실종된 데에서 비롯되었고, 여기에 '보복의 정치'가 더해지면서 한국 사회는 심각한 정파적 양극화에 직면하게 되었다.

민주화 과정과 그 이후의 공고화를 이끌었던 노태우, 김영삼, 김대중의 시대가 시나면서, 한국 정치에는 새로운 환경이 조성되었다. 2002년 대통령 선거는 이른바 '3김 시대'가 막을 내리고, 새로운 정치적 시대가 시작된 출발점이라 볼 수 있다. 이 새로운 시대의 서막은 노무현 대통령이 열었다.

노무현 대통령은 김영삼이나 김대중과 같은 전통 정치인들과는 전혀 다른 경력과 배경을 가진 인물이었다. 그는 오랜 의회 정치 경험을 바탕으로 한 주류 정치인이라기보다는, 지역주의라는 기존 정치 질서에 도전해온 '정치적 외부자'에 가까웠다.

과거처럼 후보 선출 과정에서 정당 조직의 영향이 컸다면, 노무현이 대통령 후보가 되는 것은 쉽지 않았을 것이다. 그러나 경선 방식이 '국민참여경선'이라는 개방적인 형태로 전환되면서, 그는 집권당인 새천년민주당의 대통령 후보로 선출될 수 있었다.

국민참여경선은 전통적으로 정당이 후보자 선정 과정에서 행사하던 영향력을 크게 약화시켰다. 정당 조직의 개입 여지는 줄어들었고, 일반 대중과 '노무현을 사랑하는 사람들의 모임(노사모)' 같은 당 밖의 지지 세력이 선출 과정에서 큰 영향을 미치게 되었다. 이처럼 개방형 경선 제도의 도입은 정치적 경험이 풍부하지 않은 외부자의 등장 가능성을 높였다.

노무현은 집권당인 새천년민주당의 대통령 후보로 선출되었지만, 당내에서는 비주류 정치인이었고, 운동권 성향을 지닌 인물이었다. 여러 우여곡절 끝에 그는 정몽준 후보와의 단일화를 성사시켰고, 2002년 대통령 선거에서 48.9%의 득표율로, 46.6%를 얻은 한나라당 이회창 후보를 약 57만 표 차이로 제치고 대통령에 당선되었다.

그러나 당시 국회는 한나라당이 다수 의석을 차지한 여소야대의 상황이었다. 이 같은 정치 지형 속에서 노무현 대통령은 취임 직후에도 높은 지지율을 얻지 못했다. 그는 권위 있고 안정감 있는 대통령의 이미지를 보여주지 못했고, 거칠고 직설적인 언행으로 잦은 논란을 일으켰다.

김대중의 민주당이 '전통적인 야당'의 흐름을 계승해왔다면, 노무현은 그 정치적 맥락에서 다소 벗어나 있는 아웃사이더였다. 이러한 차이로 인해 당내 기존 정치인들과 노무현 간에는 후보 시절부터 갈등이 생겨났고, 이는 곧 '친노親盧'와 '비노非盧' 사이의 계파 갈등으로 표면화되었다.

대통령 취임 후, 새천년민주당 내에서 구주류와 노무현 대통령 중심의 신주류 간 갈등이 격화되었고, 결국 2003년 9월에는 노무현 대통령이 새천년민주당을 탈당하게 된다. 이후 그는 새로운 정당 창당을 추진했고, 그 결과 2003년 11월 열린우리당이 창당되었다. 열린우리당은 '지역주의 청산', '부패 정치 극복', '전국 정당의 건설'을 주요 슬로건으로 내세웠다.

2004년 2월 24일 열린 방송기자클럽 초청 회견에서 노무현 대통령은 "국민들이 총선에서 열린우리당을 압도적으로 지지해주기를 기대한다"며, "대통령이 무엇을 잘해서 열린우리당의 표를 얻을 수만 있다면 합법적인 모든 일을 다 하고 싶다"고 발언했다.

당시 이 발언은 정치권에 큰 파장을 일으켰다. 중앙선거 관리위원회는 공무원이 특정 정당에 대해 지지를 요청하는 행위는 선거에서의 중립 의무를 위반한 것이라는 해석을 내놓았다. 이에 야당들은 대통령의 공식 사과를 요구했으나, 노 대통령은 이를 거부했다. 이 사건을 계기로 국회와 대통령 간의 갈등이 본격적으로 격화되기 시작했다.

극심한 갈등은 끝내 대통령 탄핵으로 이어졌다. 노무현 대통령과 함께 열린우리당을 창당한 국회의원은 총 47명이었으며, 전체 국회의원 299명 중 약 15.7%에 불과한 소수였다. 반면, 야당 의석은 탄핵소추안의 국회 통과에 필요한 재적 의원의 3분의 2의 기준을 훨씬 넘는 규모였다.

2004년 3월 9일, 한나라당 의원 108명과 새천년민주당 의원 51명이 서명한 대통령 탄핵소추안이 국회에 발의되었고, 3월 12일 표결이 이루어졌다. 표결 결과 찬성 193명, 반대 2명로 탄핵소추안이 가결됐다. 헌정사상 처음으로 대통령에 대한 탄핵안이 국회를 통과하게 된 것이다. 그 이후 전개된 한국 정치의 양상을 보면 이때 탄핵이라는 '판도라의 상자'가 열렸던 것이다.

당시 국회의장이었던 박관용은 탄핵을 막기 위해 노력했으며, 자민련 김종필 총재 또한 탄핵에 반대했다. 박 의장은 사태 해결을 위해 노무현 대통령과의 만남을 마지막 순간까지 추진했지만, 청와대 측은 이를 거부했다.

그런 가운데 노무현 대통령은 탄핵소추안 표결이 예정된 날, 야당을 자극하는 내용의 기자회견을 열었다. 그는 공직선거법 위반에 대해 사과하지 않았으며, 총선 결과를 자신에 대한 신임과 연계하겠다고 했다. 사실상 노무현 대통령은 자신에 대한 탄핵을 의도적으로 몰고 가서 정치적 변화를 끌어내기 위한 승부수를 던진 것이다.[43]

탄핵 당시, 노무현 대통령에 대한 여론의 지지도는 20~30% 수준에 머물렀다. 여기서 알 수 있듯이 대통령 업무 수행에 대한 국민의 평가는 매우 낮았다. 그러나 탄핵안이 가결된 이후 역풍이 불었다.

당시 동아일보 여론조사에 따르면, 대통령 탄핵에 대해 응답자의 70.3%가 탄핵이 잘못된 일이라고 대답했다. 탄핵이 잘한 일이라는 응답은 19.1%였다.[44] 압도적 다수가 탄핵을 부당하다고 생각했다. 노무현이 대통령으로서 일을 잘하고 있는 것은 아니지만, 그렇다고 해서 강제로 그 직에서 물러나게 할 정도로 잘못을 저지르지는 않았다는 여론이었다.

탄핵 가결 한 달 뒤, 2004년 4월 15일에 실시된 17대 총선은 사실상 노무현 대통령 탄핵에 대한 국민투표의 성격을 띠었다. 선거 결과, 열린우리당이 152석을 확보하며 단독 과반 의석을 차지했다. 한나라당은 121석, 이전 집권당이었던 새천년민주당은 불과 9석을 차지하는 데 그쳤다. 또한 좌파 정당이자 노동계급의 대표 정당을 자처한 민주노동당이 10석을 차지하며 정치사상 처음으로 국회에 진출했다.

열린우리당은 정치적으로 그때까지의 주류 정당과 상당히 다른 특성을 보였다. 이는 열린우리당에 참여한 이들 중 다수가 기존 정치인들과는 다른 배경을 가지고 있었기 때문이다. 노무현 대통령은 비주류 정치인이었으며, 열린우리당은 '전통 야당'인 새천년민주당과 결별하여 새로 창당된 정당이었다.

이 때문에 기존 정치권에 익숙한 이들이 아니라, 정치

적 경험이 전혀 없거나 일천한 새로운 인물로 국회의원 후보를 충원해야 했다. 그때 열린우리당에 동참한 이들 가운데 적지 않은 이들이 과거 대학 시절 민주화운동에 나섰던 운동권 출신들이었다. 노무현이나 열린우리당에 열성적인 지지층 역시 이들과 비슷한 세대였다.

이른바 '386세대'라고 불린 노무현의 열렬 지지자들은 당시 30대였고, 1980년대에 대학을 다녔으며, 1960년대에 태어난 이들이었다. 지지자뿐만 아니라 열린우리당 후보 중에도 386세대가 적지 않았다. 선거에서 열린우리당으로 당선된 152명 가운데 108명이 초선 의원이었다.

108명의 초선 의원들은 어떤 사람들이었을까? 대부분 제도권 정치의 경험이 없었으며, 강한 진보 이념을 지니고 있었다. 1980년대 대학가에서는 마르크스주의 등 좌파 이념이 유행했다. 이들 초선 의원 중 상당수가 대학 시절 이념의 영향을 받았으며, 반권위주의 투쟁을 벌여온 386 출신 운동권 또는 시민운동가였다.

뿐만 아니라, 노무현 정부의 청와대 비서관과 보좌관 52명 중 65.4%가 30~40대로, 이들 역시 전두환 정권에 맞서 투쟁했던 운동권 출신이 다수였다. 이전과는 전혀 다른

'새로운 종류'의 정치 엘리트가 의회 정치에 진입하게 된 것이다. 이들의 민주화에 대한 평가는 기존의 정치인들과는 전혀 달랐다.

앞서 언급한 바와 같이, 전두환 정권에 맞서 선두에서 투쟁한 이들은 운동권 학생들이었다. 하지만 실제로 민주화가 이뤄질 수 있었던 데에는 김영삼, 김대중과 같은 야당 지도자들의 리더십과 신한민주당이라는 제도권 정당의 역할이 컸다. 이들이 내세운 대통령 직선제 개헌이 중산층을 포함한 국민 최대 다수의 동의를 이끌어낼 수 있는 어젠다였다. 또한 민주화는 권위주의 정권을 대표하는 노태우와 야당을 이끈 김영삼·김대중 간의 타협과 합의에 의한 산물이었다. 이들은 각각 권위주의 세력과 민주화운동 세력 내 온건파를 대표하는 인물들이었다.

당시 운동권 세력은 이를 타협이라기보다 '야합'으로 비판했다. 대통령 직선제라는 정치적 요구는 관철되었지만, 근본적인 정치 사회경제적 변화를 만들어내지 못했다는 이유에서다. 이들의 관점에서 한국의 민주화는 권위주의 체제에서 벗어난 것은 성과로 볼 수 있지만, 근본적인 체제 변혁이 이뤄지지 않은 김영삼, 김대중 등 보수 정치인들 간의 '야합'에 불과한 것이었다.

따라서 '386 세대' 초선 의원은 6·29 선언으로 이루어진 '타협과 협약'의 정신에 대해 부정적이며, 민주적 전환을 이끈 정치적 타협의 인정에 대해 소극적이었다. 이들은 상대편 '보수' 정당을 민주적 질서 내의 적법한 경쟁 상대라기보다, '권위주의 체제의 정치적 후계자'로 간주하는 경향이 강했다. '권위주의 체제의 후계자'라는 인식은 민주화 이전의 시각으로 상대편을 바라본다는 것을 의미한다.

하지만 운동권 출신의 새로운 의원들은 정치 경험이 부족했고, 열린우리당도 확립된 리더십을 만들어내지 못했다. 열린우리당은 창당 후 3년 9개월 동안 모두 열 차례나 당 의장이 교체되었으며, 당 의장의 평균 재임 기간은 4.5개월에 불과했다. 이처럼 열린우리당에서는 끊임없는 내부 갈등이 일어났고, 노무현 대통령의 당·정 분리 선언으로 정부와 여당 간 협력도 제대로 이루어지지 않았다. 결국 열린우리당은 2007년 8월 민주신당과 합당을 결의하며, 창당 3년 9개월 만에 해체되었다.

하지만 열린우리당을 통해 제도권 정치에 진입한 운동권 출신 정치인들은 후속 정당의 합당과 재편 과정을 통해 정치적 기반을 다지며, 이후의 정치적 전개 과정에 영향을 끼치게 된다.

## 파국, 양극화의 종착지

노무현 대통령의 퇴임 후 검찰 수사와 뜻하지 않은 자살은 지지자들에게 격렬한 분노를 불러일으켰다. 검찰의 무리한 수사가 원인이었지만, 지지자들은 노무현 대통령의 죽음을 이명박 대통령의 책임으로 돌렸다. 퇴임 후 언론과 인터뷰를 가진 이명박 대통령의 발언과 관련하여 2013년 2월 노무현재단이 발표한 성명에서도 그와 같은 인식을 확인할 수 있다.

퇴임 후 농촌으로 귀향한 노무현 대통령의 비극적 서거는 정치검찰과 일부 수구언론의 비열한 정치공작 때문이며 그 중심에는 이명박 청와대가 있었음을 국민들은 잘 알고 있다. (……) 노무현 대통령 퇴임 후 대통령기록물 수사와 측근들에 대한 먼지털이식 뒷조사의 중심이 이명박 청와대가 아니면 누구인가? (……) 권력의 정점이었던 이명박 청와대의 '노무현 지우기'와 정권의 수족이 된 정치검찰의

무리한 수사로 얼마나 많은 사람들이 고통받았는지 이 정권 5년간 모든 국민이 지켜본 사실이다.[45]

노무현 대통령의 죽음을 바라보는 측근과 지지자들의 생각이 잘 드러난다.

2016년 총선 직후, 이른바 최순실 등 민간인에 의한 국정농단 의혹 사건이 발생하면서 박근혜 정부에 항의하는 대규모 촛불집회가 열렸다. 박근혜 정부의 무능과 무책임, 그리고 부적절한 대응에 대한 국민 분노가 고조되자, 박 대통령 퇴진 요구가 터져 나왔고, 결국 탄핵이 추진되었다.

2016년 12월 8일, 박근혜 대통령에 대한 탄핵소추안이 국회 본회의에 보고되었고, 다음 날인 12월 9일 탄핵안 표결이 이루어졌다. 투표 결과, 국회의원 299명 중 찬성 234표, 반대 56표, 기권 2표, 무효 7표로 탄핵소추안이 가결되었다.

그리고 이듬해 2017년 3월 10일, 헌법재판소는 국회의 대통령 탄핵소추안을 재판관 전원 일치로 인용하며 박근혜 대통령을 대통령직에서 파면하였다. 대한민국 정치사상 처음으로 현직 대통령에 대한 탄핵이 실제로 이뤄진 것이다.

대통령이 탄핵으로 퇴진하면서 조기 대선이 실시되었다. 대선은 2017년 5월 9일에 치러졌다. 더불어민주당은 문재인을 후보로 선출했다. 한편, 보수 진영은 박근혜 탄핵을 두고 분열되었다. 자유한국당은 홍준표를, 바른정당은 유승민을, 그리고 국민의당은 안철수를 각각 대통령 후보로 내세웠다. 정의당은 심상정을 후보로 공천했다. 선거 결과, 더불어민주당 문재인 후보가 41.08%를 득표해 대통령에 당선되었다. 자유한국당 홍준표 후보는 24.03%, 국민의당 안철수 후보는 21.41%, 바른정당 유승민 후보는 6.76%, 정의당 심상정 후보는 6.17%를 기록했다.

문재인 대통령은 2017년 5월 10일 거행된 취임식에서 다음과 같이 말했다.

힘들었던 지난 세월 국민은 이게 나라냐고 물었습니다. 대통령 문재인은 바로 그 질문에서 시작하겠습니다. 오늘부터 나라를 나라답게 만드는 대통령이 되겠습니다. 구시대의 잘못된 관행과 과감히 결별하겠습니다.[46]

'구시대의 잘못된 관행과의 결별'이 무엇을 의미하는지 취임사에서 구체적으로 밝히지 않았지만, 문재인 정부는 출범 직후부터 이른바 '적폐청산'을 국정과제의 핵심으로 삼았다. 촛불집회 1주년을 회고하는 한 기사에서는 문재인 정부 출범 초기 국정 목표의 최우선 과제를 적폐청산이라고 짚었다.[47] 출범 초기에 정치·경제·사회 각 분야에서 9년간의 보수정권이 남긴 오류와 국정농단을 척결하고자 하는 의지를 강하게 내비쳤다는 이야기였다. 또한 세월호 참사와 4대강, 원전, 국정 교과서 등과 관련한 정책적 결정을 사실상 원점으로 돌리거나 재검토했다고 말했다.

그런데 청산해야 할 '직폐'의 대상이 "정치·경제·사회 각 분야에서 9년간의 보수정권이 남긴 오류와 국정 농단"이라는 것은 그들의 경쟁 정파가 집권한 9년을 '폐단이 축적된 시기'로 여긴다는 뜻이다.

대통령 선거 당시 문재인 후보의 공약 중 첫 번째는 "적폐청산: 최순실·박근혜 국정 농단 및 이명박·박근혜 정권 9년간의 적폐청산, 반부패 개혁, 국정 역사 교과서 폐지, 방위 사업 비리 척결 등"[48]으로 되어 있다. 이처럼 문재인 정부가 정책의 우선순위로 놓은 적폐청산은 이전 두 정부에 대한 정치적, 사법적 공세를 의미하는 것이었다.

박근혜 대통령 퇴진을 외쳤던 촛불집회를 문 대통령이 '촛불혁명'이라고 부른 것 역시 박근혜 정부(그리고 이전의 이명박 정부)를 척결해야 할 앙시앙 레짐Ancien Régime, 곧 구체제로 간주했기 때문일 것이다.

모든 대통령은 임기 중 정책적 오류나 실수를 저지를 수 있다. 그러나 후임 정부가 이를 '척결'하겠다고 나서는 태도는 적절하지 않다. 어떤 대통령이 재임 중 정책에서든 정치에서든 실책을 범했다면, 그에 대한 정치적 책임political accountability은 임기 중 치러지는 총선이나 지방선거에서 평가받기 마련이다. 혹은 후임자를 선출하는 대통령 선거에서 평가가 이뤄질 수도 있다.

대통령의 업무 수행이 좋은 평가를 받는다면 여당 후보가 승리해 정권을 재창출하게 되는 것이고, 나쁜 평가를 받았다면 정권 교체가 일어날 것이다. 이것이 민주주의 체제 하에서 대통령에 대한 정치적 책임을 묻는 방식이다. 그런데 후임 정부가 전임 정부를 '적폐'로 규정하고, 그것을 '척결'하겠다고 나서는 것은 정치적 책임성을 묻는 민주주의 원칙에 어긋난다.

앞서 언급한 민주적 공고화의 전제 조건인 '두 번의 정권 교체tow turnover test'는 권력이 순조롭게 이양되는 것뿐만 아니라, 정권 교체가 야당 시절 겪었던 고통에 대한 보복으로 이어지지 않고, 상대를 인정하며 공존하는 정치를 실현하는 것이라는 점을 지적했다.

그러나 문재인 대통령은 '적폐청산' 작업을 통해 공존보다는 사실상 '보복의 정치' 쪽으로 나아갔다. 예컨대, 문재인 대통령은 취임 12일 만에 이명박 대통령이 재임 중 적극적으로 추진했던 '4대강 사업'에 대해 감사원에 정책 감사를 지시했다. 그런데 바로 직전 정부가 아닌 그 이전 정부의 정책 추진 과정에 대해, 후임 정부가 출범 직후부터 곧바로 감사를 지시한 사례를 일반적인 경우라고 보기는 어렵다.

문재인 대통령은 노무현 전 대통령의 오랜 친구이자, 노무현 정부 시절 민정수석과 비서실장을 역임한 측근 중의 측근이었다. 그는 자신의 저서에서 '노무현 전 대통령의 유서를 수첩에 갖고 다닌다'고 밝힌 바 있다.[49]

문재인 대통령이 집권 후 추진한 '적폐청산'은 외형적으로는 국정농단과 권력형 비리를 바로잡기 위한 것이라는 명분을 내세웠지만, 그 성격과 강도, 대상의 범위를 고려할 때 노무현 전 대통령의 죽음에 대한 정치적 보복이라고 볼 수밖에 없다.

국정농단으로 비판받은 박근혜 대통령뿐만 아니라, 그 전임인 이명박 대통령은 대통령도 되기 이전의 일을 문제 삼아 감옥에 보냈다. 문재인 정부의 적폐청산 작업으로 900명 이상이 조사를 받았고, 200명 이상이 구속되는 등 전례 없는 대규모 수사가 이뤄졌다.[50] 또한 이전 정부의 정책 결정이나 행정 집행 과정에서 있었던 사안들이 '직권남용' 혐의로 고소·고발되면서, 공직자들을 대상으로 한 사법적 책임 추궁도 크게 늘었다.[51] 그 결과, 공직사회의 위축과 공무원의 정치적 중립성에 대한 논란이 제기되기도 했다. 이 때문에 문재인 대통령의 적폐청산은 노무현의 죽음을 "적폐세력에 의한 타살"로 간주하고 그를 "죽음으로 내몬 거악 엘리트"에 대한 "원한의 정치" "증오의 정치"를 행했다는 평가를 받는다.[52]

그런데 문재인 정부의 '적폐청산'이 노무현의 죽음에 대한 보복의 정치라는 점도 문제이지만, 상대 정파에 대한 보복이 가져온 더 심각한 결과는 87년 체제의 수립을 이끈 오랜 권위주의 세력과 민주화 세력 간의 타협과 협약의 파기를 의미한다는 점이다.

앞서 강조해왔듯이, 한국의 민주화는 어느 한쪽의 일방적인 승리가 아니라, 상호 적대적이던 정치 세력이 새로운 경쟁의 규칙에 합의함으로써 가능했던 정치적 타협의 결과였다. 문재인 정부의 적폐청산은 이와 같은 협약의 정신을 무시했고, 그로 인해 1987년 이후 한국 민주주의를 안정적으로 유지해온 핵심 가치인 '공존과 상호 인정'의 토대를 흔들었다.

> 정치적으로 경쟁하는 상대를 존중하기는커녕, 청산되어야 마땅한 악의 무리로 호명되고 청산을 위해 공권력이 동원되면서 입헌주의constitutionalism와 자유주의의 규범은 서서히 무너지게 된다.[53]

문재인 정부의 인적 구성은 이전 정부들과 비교해 뚜렷한 차이를 보였다. 특히 청와대를 중심으로 한 핵심 참모진에는 정치권에서 영입된 인사들이 과거 정권에 비해 눈에 띄게 많았고, 그중에서도 이른바 '운동권 정부'로 불릴 만큼 1980년대 학생 운동권 출신 인사들이 주축을 이루었다.

당시 청와대는 비서실, 정책실, 안보실을 포함해 장관급 실장 3명, 차관급 수석 및 보좌관 13명, 1급 비서관 47명 등으로 구성돼 있었고, 이들을 포함한 1급 이상 참모 63명 가운데 전국대학생대표자협의회(전대협), 대학 총학생회장 출신, 진보 시민사회단체 출신 인사가 22명에 달했다. 특히 전대협 3기 의장 출신인 임종석 비서실장이 이끄는 비서실의 비서관급 이상 30명 중 17명이 범汎운동권 출신으로 분류될 수 있을 정도로, 운동권 인사의 비중이 두드러졌다.[54]

집권 초기뿐만 아니라, 집권 2년 차에도 이 같은 인사 구성의 기조에는 큰 변화가 없었다. 청와대 1급 이상 비서관 64명 가운데 23명(36%)이 운동권 또는 시민단체 출신이었다. 대통령 비서실 소속 비서관 31명을 기준으로 보면, 전대협 등 운동권·시민단체 출신이 2022년 연말 기준 17명에서 19명으로 증가해 전체의 61%를 차지했다.[55]

민주화 과정에서는 권위주의 세력과 민주화운동 세력 양측 모두에게 강경파가 존재했다. 이들은 각각 온건파의 '타협'에 대해 불만을 품고 있었다. 권위주의 세력 내 강경파는 무력을 동원해 민주화운동 세력을 진압하길 원했으며, 민주화운동 진영의 강경파는 전두환 정권이 완전히 무너질 때까지 저항을 지속하길 바랐다. 전자가 군부나 전두환 정권 내의 강경파라면, 후자는 운동권 세력이었다.

앞서 언급한 대로, 이들이 보기에 6·29 선언으로 인한 민주화는 정치적 협약이기보다 '기만'이고 '야합'이었다. 문재인 대통령은 당선 전인 2017년 1월에 펴낸 『대한민국이 묻는다』라는 책에서 민주화에 대해 이렇게 말했다.

또 한 번의 기회를 놓친 건 1987년 6월 항쟁 때입니다. 이후에 곧바로 민주정부가 들어섰다면 그때까지의 독재나 그에 부역했던 집단들을 제대로 심판하고 군부정권에 저항해 민주화를 위해서 노력했던 사람들에게 명예회복이나 보상을 해줬을 것이고, 상식적이고 건강한 나라가 됐을 겁니다. 하지만 노태우 정권이 들어서면서 기회를 또 놓쳤죠.[56]

다시 강조하자면, 한국의 민주화는 권위주의 세력과 민주화운동 세력 간의 타협을 통해 이루어진 것이며, 이는 상호 인정과 공존을 전제로 한 정치적 협약이었다. 그러나 문재인 대통령은 민주화의 성격을 다르게 해석하고 있다. 그는 노태우 정권을 민주화의 산물이 아니라, 권위주의 체제가 계속 이어진 시기로 간주한다. 이러한 시각은 한국 민주주의가 타협과 공존을 통해 공고화되었다는 관점과는 분명히 차이를 보인다.

따라서 이들에게 박정희 대통령의 딸인 박근혜는 권위주의 체제의 정통 후계자로 인식되었을 것이다. 또한 '국정농단' 사태와 탄핵은 이들에게 권위주의 세력을 '척결'할 수 있는 명분과 기회를 제공했다.

이명박 대통령 또한 권위주의 체제의 일원일 뿐만 아니라, 노무현 대통령의 비극적인 죽음에 책임이 있다고 보았다. 이런 시각에서 보면 이명박·박근혜 대통령의 통치는, 적법한 절차와 민주적 경쟁을 통해 선출된 정통성을 갖는 대통령이 이끌었던 정부라기보다는 모두 권위주의 체제의 후계자들이었다. 이제 그 권위주의 시대의 유산을 정리할 기회를 갖게 되었다고 이들은 생각했다.

최장집 교수도 이러한 점을 지적하며, "문재인 정부하에서 진행된 적폐청산과 역사청산은 1980년대 이후 한국

민주화를 만들었던 정치, 사회적 기초로서의 민주화 세력과 권위주의 세력 간 협약의 부정과 해체를 의미한다"고 말했다.[57] 문재인 정부를 거치면서, 87년 체제의 기반이 된 정치적 합의는 사실상 붕괴되었다.

'적폐청산'이라는 용어에는 운동권 특유의 도덕적 우월감이 내포되어 있다. 표준국어대사전은 '적폐積弊'를 '오랫동안 쌓이고 쌓인 폐단'으로 정의한다. 여기서 '폐단'이란 어떤 일이나 행동에서 나타나는 옳지 못한 경향이나 해로운 현상을 뜻한다. 즉, 그동안 누적된 나쁜 문제들이 많기에 이를 반드시 제거해야 한다는 의미를 담고 있다.

영어권 언론에서는 '적폐'를 보도할 때 'deep-rooted evil', 즉 '뿌리 깊은 악'으로 번역하여 사용한다.[58] 뿌리 깊은 악惡을 제거하는 사명은 당연히 '선善'에게 주어진다. '우리는 선이기에 악을 제거할 수 있다'는 도덕적 우월감이 적폐청산 작업 전반에 깔려 있다. 이러한 '선 대 악'의 이분법은 앞서 살펴본 포퓰리즘 정치의 중요한 특징과 통한다. 문재인 대통령과 그의 참모들이 적폐청산을 바라보는 시각은 '고결하고 순수한 대중'을 위해 '사악하고 탐욕스러운 엘리트'를 물리쳐야 한다는 포퓰리즘의 방정식과 다르지 않다. 이처럼 포퓰리즘 정치의 배제, 배척, 분열이 적폐청산에 동원되었다.

대일 관계와 관련하여 문재인 정부 시기에 쓰였던 '토착왜구'라는 표현 역시 포퓰리즘적 어법의 전형적 사례이다. '토착왜구'라는 것은 대한민국이라는 정치공동체에 살고 있기는 하지만, '우리'가 아니라 '그들', 곧 일본이라는 외부에 속한다는 의미이기 때문이다. '우리'와 '그들'을 나누고, '그들'을 배척하는 것 역시 포퓰리즘 정치의 주요 특성 중 하나이다.

적폐청산이 제도 개혁을 통해 잘못된 폐단의 재발을 방지하는 데 초점이 맞춰졌다면, 매우 의미 있는 업적이 되었을 것이다. 하지만 정치적 경쟁 세력을 '적폐'로 규정하고 그들을 청산하겠다고 나서면서, 실제로는 '복수의 정치'이자 '보복의 정치'가 되고 말았다. 1987년 민주화가 이룬 타협과 공존의 정신을 훼손한 적폐청산은 사회를 선악의 이분법으로 갈라놓았다. 적폐청산은 그들의 지지층 결속에는 기여했을지 모르지만, 반대편 지지자들은 자신들이 '악'으로 규정되는 데 깊은 분노를 느꼈다.

사실 청와대 민정수석비서관이었던 조국을 법무부 장

관으로 임명한 일은 화젯거리에 오를 정도로 특별한 일이 아닐 수 있었다. 하지만 정치적으로 큰 소동을 빚었다. 그 까닭은 자신들을 적폐로 몰아가던 문재인 정부의 핵심 인사가 온갖 비리를 저지르고 위선적인 모습을 보이는 데 대한 보수층의 분노와 불만이 폭발한 탓이었다.

문재인 정부의 적폐청산은 결국 한국 사회를 심각하게 분열시켰다. 배척과 배제의 정치는 1987년 이후 안정적으로 민주적 공고화를 이루어온 한국 민주주의에 깊은 상처를 남겼다. 문재인 정부 시기를 거치면서 한국의 민주주의는 급격하게 침식erosion되기 시작했고, 사회는 극심한 정치적 양극화 상태에 빠졌다.[59]

문재인 정부의 임기 말인 2022년 3월, 미국의 여론조사 기관인 퓨 리서치Pew Research는 19개국을 대상으로 정치 양극화에 대한 인식 조사 결과를 발표했다. 질문은 "자신과 다른 정당을 지지하는 사람을 만날 때 어느 정도의 갈등을 느끼는가?"였고, 응답은 '매우 강하게 느낀다', '강하게 느낀다', '별로 강하게 느끼지 않는다', '전혀 느끼지 않는다'의 네 단계로 이루어져 있었다.

조사 결과, 한국은 조사 대상 19개국 중 정치로 인한 갈

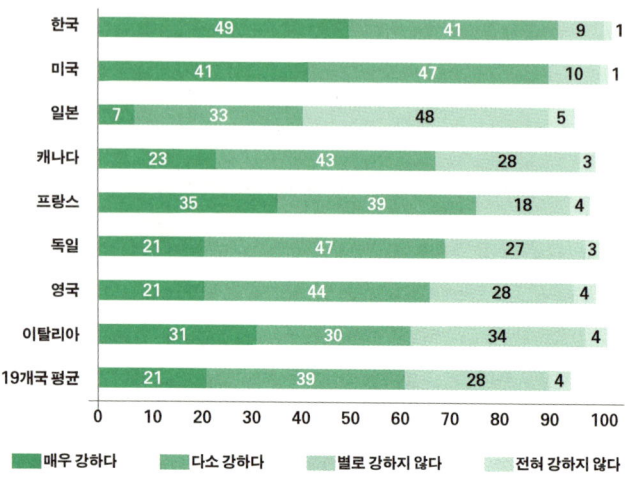

| | 매우 강하다 | 다소 강하다 | 별로 강하지 않다 | 전혀 강하지 않다 |
|---|---|---|---|---|
| 한국 | 49 | 41 | 9 | 1 |
| 미국 | 41 | 47 | 10 | 1 |
| 일본 | 7 | 33 | 48 | 5 |
| 캐나다 | 23 | 43 | 28 | 3 |
| 프랑스 | 35 | 39 | 18 | 4 |
| 독일 | 21 | 47 | 27 | 3 |
| 영국 | 21 | 44 | 28 | 4 |
| 이탈리아 | 31 | 30 | 34 | 4 |
| 19개국 평균 | 21 | 39 | 28 | 4 |

정치 양극화에 대한 인식 조사

등을 가장 심하게 느끼는 나라로 나타났다. 한국 응답자의 49%는 '매우 강한 갈등'을 느낀다고 답했고, 41%는 '다소 강한 갈등'을 느낀다고 응답했다. 즉, 전체 응답자의 90%가 정치적 견해 차이로 인한 상당한 갈등을 느끼고 있으며, 응답자의 절반은 '매우 강한 갈등'을 느끼고 있다는 것이다. 이 수치는 오랫동안 정치 양극화 문제를 겪어온 미국보다도 높은 수준이다.

미국의 경우, '매우 강한 갈등'을 느낀다는 응답이 41%,

'다소 강한 갈등'이 47%였으며, 19개국의 평균은 갈등을 매우 강하게 느낀다는 응답이 21%, 다소 강하게 느낀다는 응답이 39%였다. 이와 같은 조사 결과는 우리나라의 정치 양극화가 매우 심각한 수준에 이르렀음을 보여준다. 문재인 정부의 적폐청산 작업을 거치면서 한국의 정치적 갈등, 분열과 양극화는 다른 나라와 비교할 수 없을 정도로 심각해졌다.

사실 문 대통령은 취임사에서 통합을 강조했다.

오늘부터 저는 국민 모두의 대통령이 되겠습니다. 저를 지지하지 않았던 분도 진심으로 우리의 국민으로 섬기겠습니다. 저는 감히 약속드립니다. 2017년 5월 10일은 진정한 국민통합이 시작된 날로 역사에 기록될 것입니다.[60]

그러나 문재인 대통령이 취임사에서 강조한 '통합'과 달리, 현실은 그와 정반대의 방향으로 흘러갔다. 그의 통치 시기는 분열과 갈등으로 점철되었다. 그는 '국민 모두의 대통령'이 되겠다고 했지만, 국민 반쪽의 대통령이었으며, 국민통합의 상징이라기보다 정치적 양극화의 중심에 서 있었다. 사회의 분열과 갈등의 골은 더욱 깊어졌다.

실질적 민주주의를 회복하고 사회 전반의 혁신을 통해 불공정과 불평등을 바로잡고, 궁극적으로 사회통합을 이뤄 내라는 게 진영을 떠나 국민 다수의 요청이었다. 하지만 지난 5년 우리 사회는 통합되기보다는 분열로 기울었고, 최대 모순이었던 사회 양극화는 한층 깊어졌다. (……) 국정과제 1호로 선정된 적폐청산은 제도보다는 인적 청산에 매몰되면서 민심을 동강 내는 원인이 됐다. 검찰개혁은 무소불위 검찰의 힘을 빼는 데 성공하며 일정 지지를 받았다. 하지만 '조국 사태'가 불거지며 '내로남불' 논란으로 정권은 큰 타격을 받았고 (……) 문 대통령과 집권 86 세력은 제왕적 대통령제의 극복을 고민하기보다는 '청와대 정부'라는 비판을 들을 정도로 안주했다. 사회의 쟁점 이슈에서 '토착 왜구' 공세 등 여론을 등에 업고 팬덤을 동원한 집권 세력의 일종의 여론 정치는 우리 사회에 짙은 그늘을 남겼다.[61]

문재인 정권 시기를 거치면서 민주화 이후 오랫동안 지

켜온 상대방에 대한 배려와 공존의 정치는 사라지게 되었다. 특히 김대중 대통령이 보여준 화해와 통합의 정신은 어디에서도 찾아볼 수 없게 되었다.

운동권 정치가 진보 진영의 강경한 흐름을 대표했다면, 이들이 추진한 적폐청산은 보수 진영 내에서도 강경 세력의 부상을 이끌어냈다. 온건과 중도가 정국의 흐름을 주도하던 이전의 정치와 달리, 양 진영에서 강경파의 목소리와 세력이 커지는 결과를 낳았다.

한국 사회에서 '극우적' 세력이 공개적으로 목소리를 내기 시작한 것도 이때부터다. 이런 양극화된 갈등 위에서 현재의 정치적 위기가 발생한 것이다.

2022년 대통령 선거 역시 양극화된 정치가 각 당의 후보 선출 과정을 지배했다. 어떤 후보가 나라를 더 잘 이끌어갈 수 있을지에 대한 평가보다는, 누가 상대방과 더 잘 싸우고 혼내줄 수 있을지에 각 정파 지지자들의 관심이 더 쏠린 선거였다. 이런 이유로 정치 경험이 많고 리더십이 검증된 후보가 아니더라도, 각 정파는 상대방과 가장 '잘 싸울 수 있는 후보'를 선발했다. 정치 경험이 없거나 일천한 정치적 외부자가 대통령 후보로 선출되어 경쟁한 것도 바로 이 때문이다.

2022년 대통령 선거는 상대 정파에 대한 강한 적대감을 바탕으로 양극화된 정치 환경 속에서 치러졌다. 유권자들은 오로지 '우리 편이 승리하는 것' 혹은 '상대방의 승리를 막는 것'에만 관심을 기울였을 뿐, 후보의 역량이나 비전, 리더십에 대해서는 제대로 알려고도 하지 않았다.

선거 결과는 한국 사회가 얼마나 심각하게 분열되어 있는지를 다시 한번 보여주었다. 윤석열 후보가 48.56%, 이재명 후보가 47.83%를 득표하며 0.73% 차이로 윤석열 후보가 대통령에 당선되었다.

승자가 결정되었지만, 정치적으로 보았을 때 이 선거는 사실상 무승부나 다름없었다. 사회가 완전히 두 쪽으로 갈려 팽팽하게 대립하고 있음을 보여주는 숫자였다. 경쟁이 무승부였다는 것은 승자라고 해도 국민의 절반가량이 자신을 지지하지 않았다는 의미이기도 하다. 그렇다면 승자는 자신을 지지하지 않은 나머지 절반의 국민을 향해 집권 초부터 다가가서 적극적으로 포용과 화해의 정치를 펼쳐야 했다. 그것이야말로 정치적으로 양극화된 상황을 해소할 수 있는 길이었다.

하지만 1%도 안 되는 근소한 차이로 승리했음에도, 당선된 대통령은 승자독식의 정치를 펼쳤다. 마치 100%의 지지를 받은 것처럼 권력을 행사하며 상대방에 대한 배려 없이 독주했다. 야당과 자주 만나 설득하고 타협하여 합의를 이끌어내는 정치력을 발휘해야 했지만, 그러지 않았다. 이전 정부에서 형성된 양극화 정치의 토대 위에서 일방적이고 권위적인 국정 운영을 지속했다. 양극화된 상황과 독선적인 정치 행태는 의회를 장악한 야당과 잦은 대립과 충돌을 불러왔고, 결국에는 최악의 국정 파국으로 이어졌다.

# 4부 _____

DEMOCRACY

# 벼랑 끝
# 민주주의를

# 회복할
# 시간

민주화 이후 한국 정치가 안정적인 민주주의를 유지할 수 있었던 까닭은 87년 체제의 근간인 합의와 타협의 정치가 있었기 때문이다. 그러나 현재 합의의 정치는 무너져버렸다. 이러한 정치적 위기를 극복하고 민주주의를 회복하기 위해서는 새로운 협약의 틀이 마련되어야 한다. 87년 체제를 넘어 더 나은 민주주의로 나아가기 위한 상상력이 요구되는 시점이다.

# 그날 민주주의는
# 왜 위기에 빠졌는가

## 삐걱거리는 대통령제 민주주의

우리나라에서 대통령과 국회의 관계는 '행정부 대 입법부'
보다는 '정부-여당 대 야당'의 구도로 보는 것이 적합하다.
이는 의회제와 대통령제가 혼합된 한국형 대통령제의 제
도적 특성 때문이기도 하고, 과거 대통령이 여당 총재였기
에 여당이 자연스럽게 대통령의 정책을 지원하고 야당의
공세를 방어하는 역할을 맡아왔기 때문이다.

　최근 들어 대통령이 당 총재를 맡지 않게 되었지만, 한
국 정치에서 '정부-여당 대 야당'의 구도는 여전히 유지되
고 있다. 유권자들도 이를 그렇게 인식한다. 국회의원 선거
에서 여당에 대한 유권자의 선택에 큰 영향을 미치는 요인

중 하나는 대통령에 대한 평가다. 대통령의 지지율이 높으면 여당 후보들이 선거에서 상대적으로 유리하고, 그렇지 못하면 고전할 가능성이 크다.

'정부-여당 대 야당'의 구도는 야당이 국회 다수 의석을 차지하는 여소야대, 즉 분점정부divided government의 상황이 되면 대통령에게 큰 어려움으로 다가온다. 만약 '입법부 대 행정부'의 구도라면, 행정부 견제를 위해 입법부를 구성하는 여야가 서로 협력할 수 있다. 그러나 '정부-여당 대 야당'의 구도에서 야당이 국회를 장악하면 협력보다는 대립의 가능성이 커질 수밖에 없다. 사실 여소야대 정국은 '입법부 대 행정부'의 속성이 강한 미국 정치 시스템에서도 대통령에게 부담이 된다.

대통령제는 이원적 정통성dual legitimacy의 특성을 갖는다. 의회제 국가에서는 민주적 위임을 받는, 국민 선거를 통해 구성되는 기관은 의회 하나뿐이다. 행정부를 구성하는 내각은 의회에서 선출되므로, 의회와 행정부를 서로 다른 정당이 지배하는 경우는 거의 없다. 의회와 정부가 제도적으로 융합되어 있기 때문이다. 따라서 의회제 국가에서 정치적으로 가장 중요한 것은 의회 선거이다.

그런데 대통령제는 국민의 민주적 위임을 받은 두 개의 기구가 존재한다. 대통령과 의회 의원, 모두 국민이 직접 선출하며, 두 기구 모두 민주적 정통성을 갖는다. 문제는 이 두 기구를 서로 다른 정당이 지배할 경우, 대립과 충돌의 발생 가능성이 있다는 것이다.

이 같은 기구 간 갈등을 어떻게 해결하느냐가 대통령제의 안정적 운영에 매우 중요하다. 이 갈등이 제대로 해결되지 않으면 정치체제가 심각한 위기를 맞을 수도 있다. 이것이 대통령제에 내재된 제도적 문제점이다. 미국의 정치학자 후안 린츠Juan Linz는 이를 '대통령제의 위험성The Perils of Presidentialism'이라고 불렀다.

두 기구 간 갈등을 해소할 민주적 원칙은 존재하지 않으며 설사 헌법에 그런 해결책이 규정되어 있다고 해도 일반적으로 복잡하고, 대단히 기술적이고 법리적이어서 유권자들에게 민주적으로 적법한 것으로 간주되기 어렵다. 이런 상황이 되면 때때로 군부가 '중재하는 힘poder moderador'으로 개입하는 것은 우연이 아니다.[62]

윤석열 대통령은 임기 내내 여소야대 상황에 놓여 있었다. 2022년 대선 이전인 2020년 21대 국회의원 선거에서 더불어민주당은 180석을 얻었고, 미래통합당은 103석을 차지했다. 이후 정권 교체로 여당이던 더불어민주당이 야당이 되었고, 윤석열 대통령은 여소야대 상황에서 당선되었다.

임기 중반인 2024년 실시된 22대 국회의원 선거에서는 여당인 국민의힘이 108석, 야당인 더불어민주당이 175석을 얻었으며, 또 다른 야당인 조국혁신당이 12석을 차지했다. 야당들의 의석수는 총 187석으로, 여당 108석을 크게 압도했다. 윤석열 대통령은 여소야대 상황에서 많은 어려움을 겪을 수밖에 없었다. 실제로 야당은 정부·여당을 압박하기 위해 국회의 권한을 최대한 활용했다. 그렇다고 해도 그것이 12·3 비상계엄 선포와 같은 극단적인 조치를 합리화할 수는 없는 일이다.

사실 여소야대는 민주화 이후 매우 빈번하게 발생해왔다. 국회의원 선거만 놓고 보면, 1988년 13대 국회의원 선거부터 2024년 22대 국회의원 선거까지 총 열 번의 선거 중 여섯 번의 선거에서 집권당이 과반 의석을 차지하지 못했다.

1988년 13대 총선에서 여당인 민주정의당은 전체 299석 중 125석을 차지해, 과반인 150석에 25석이 부족했다. 4년 후인 1992년 14대 총선에서는 집권당인 민주자유당이 149석을 얻어 과반에 1석이 모자랐다. 의원들을 영입해 과반을 채웠지만 1990년 1월, 3당 합당으로 216석의 거대 의석이 만들어졌던 것을 감안하면, 이는 여당의 대패로 볼 수 있다.

1996년 15대 총선에서도 여당인 신한국당은 139석을 얻어 과반에 11석이 부족했다. 이후 무소속 의원과 야당 의원을 영입하여 인위적으로 과반 의석을 채웠다. 2000년 16대 총선에서는 여당인 새천년민주당이 115석으로 세 2당에 머물렀고, 자민련은 17석에 그쳤다. '공동정부'하에서도 여소야대의 상황을 맞이한 것이다.

그 뒤 2004년 열린우리당, 2008년 한나라당, 2012년 새누리당은 각각 17대, 18대, 19대 총선에서 집권당으로서 과반 의석을 확보했다. 그러나 2016년 20대 총선에서는 여당인 새누리당이 122석을 차지해 과반인 151석에 29석이 부족했다.

2020년 코로나 사태 와중에 치러진 21대 총선에서는 여당인 더불어민주당이 180석으로 단독 과반을 차지했지만, 2024년 22대 총선에서는 여당인 국민의힘이 108석으로 과반에 43석이 모자라는 참패를 당하면서 다시 여소야대가 되었다.

이처럼 대통령 임기 중 실시된 총선을 통해 여소야대 정국이 만들어지는 경우는 결코 드문 일이 아니다. 여기에 1997년 김대중 대통령, 2002년 노무현 대통령, 2017년 문재인 대통령, 그리고 2022년 윤석열 대통령처럼 여소야대 상황에서 대통령으로 취임한 경우를 포함하면, 한국 정치에서 여소야대는 특별한 경우가 아니다.

여소야대가 빈번히 발생했음에도 불구하고 과거에는 정치가 왜 파국으로 치닫지 않았던 것일까? 그 시기에도 여소야대 정국은 대통령에게 큰 부담이었고, 대통령과 의회 간 심각한 갈등이 없었던 것도 아니었다. 그렇다면 최근 어떤 이유로 여소야대가 대통령과 의회 간의 극단적 갈등과 대립으로 이어진 것일까?

앞서 지적했듯이, 민주화 이후 지켜져온 정당 간 합의 정치의 관행이 사라진 것이 가장 큰 요인이다. 예컨대 민주화 이전에는 여당이 상임위원장 자리를 모두 독점했다. 그러나 13대 국회에서 여소야대가 형성된 후, 여야는 협의를 통해 상임위원장을 나누기로 합의했다. 이에 따라 13대 국회 전반기 원 구성에서는 여당인 민주정의당이 7개 상임위원장(운영위원회, 법제사법위원회, 외무통일위원회, 내무위원회, 재무위원회, 국방위원회, 농수산위원회)을 맡았고, 평화민주당이 4개(경제과학위원회, 문화공보위원회, 상공위원회, 노동위원회), 통일민주당이 3개(행정위원회, 동력자원위원회, 보건사회위원회), 신민주공화당이 2개(교통체신위원회, 건설위원회)의 상임위원장을 맡는 것으로 배분되었다.

상임위원회 소관 법안심사소위원회의 '만장일치' 관행도 13대 국회 때부터 시작된 것이다.[63] 법안소위는 상임위원회에 앞서 법안을 심사하는 기구이다. 국회법에 따르면 법안소위는 '위원회에 관한 규정을 준용한다'(국회법 제57조)고 되어 있으며, 재적위원 과반수 출석과 출석위원 과반수 찬성으로(국회법 제54조) 법안 심사를 의결할 수 있다. 그러나 그동안 법안소위는 대부분 '만장일치'로 운영되었다. 18대부터 20대 국회까지 법률안 55,876건을 처리하는 동안, 법안소위에서 만장일치가 아닌 다수결로 처리된 법안은 단 8건에 불과하다.

법안 심사에도 '관행'이 적용되는 경우가 있다. 대표적인 예가 선거법이다. 법적으로는 특별위원회도 일반 상임위원회처럼 교섭단체별 의원 수에 따라 그 비율대로 위원을 구성하는 것이 원칙이지만, 선거법 개정을 위한 특별위원회만큼은 여야 동수同數로 위원을 둔다.

국회사무처에 따르면 14대부터 20대 국회까지 선거법 등 정치개혁 관련 특별위원회가 총 24차례 구성되었는데, 선거법 개정 사안을 다루지 않았던 16대 국회를 제외한 모든 경우에 여야 위원 수가 같았다. 이는 '게임의 룰'과 관련된 사안을 다수당이 소수당과 합의 없이 표결로 일방 처리하지 않겠다는 취지다.

그런데 최근 들어 이 관행이 깨지기 시작했다. 대표적인 사례가 2020년 총선 이후 21대 국회 상반기 원 구성의 경우이다. 180석으로 다수 의석을 차지한 더불어민주당이 위원장 자리를 두고 야당과 협상이 결렬되자, 모든 상임위원장 자리를 차지했다. 이후 1년 2개월이 지난 2021년 7월에야 야당에 상임위원장직을 일부 배분했다. 1988년 이후 제1당이 원 구성 과정에서 상임위원장직을 모두 차지한 것은 그때가 유일하다.

또한 21대 총선을 앞두고 국회는 선거법을 개정했다. 제1야당이던 자유한국당의 반대에도 불구하고, 여당인 더불어민주당과 일부 소수 야당(바른미래당, 정의당, 민주평화당, 대안신당)으로 구성된, 이른바 '4+1' 협의체가 준연동형 비례대표제 선거법을 일방적으로 통과시켰다. 정치적 경쟁의 규칙인 선거법이 여야 합의 없이 다수당에 의해 일방적으로 처리된 것도 이때가 처음이다.

만장일치가 관행이었던 법안심사소위원회에서도 다수당의 단독 처리가 이뤄지기 시작했다. 예컨대, 2022년 4월 당시 정치적으로 논란이 컸던 소위 '검수완박(검찰 수사권 완전 박탈)'과 관련된 검찰청법·형사소송법 개정안을 더불어민주당은 단독 처리했다.[64]

이처럼 여야 간 정치적 대립이 격화된 상황에서, 민주화 이후 여야 간 합의와 타협을 바탕으로 유지되어온 의회 정치의 합의제 관행은 급격히 약화되었다. 법과 규정을 적용하기 전에 여야 간 갈등과 이견을 조정해주던 관행이 무시되면서, 정치적 조율 대신 '수적 힘에 의한' 혹은 '법에 따른' 정치가 진행되었고, 그 결과 여야 간 대립은 더욱 격렬

| 대통령 | 노태우 | 김영삼 | 김대중 | 노무현 | 이명박 | 박근혜 | 문재인 | 윤석열 |
|--------|--------|--------|--------|--------|--------|--------|--------|--------|
| 거부권 횟수 | 7 | 0 | 0 | 4 (6)* | 1 | 2 | 0 | 25 (42)** |

\* 노무현 대통령이 탄핵 소추로 직무 정지 상태에서 고건 권한대행이 두 차례 행사한 것 포함.[65]
\*\* 윤석열 대통령 탄핵으로 직무 정지된 상황에서 한덕수, 최상목 권한대행에 의한 거부권 행사 포함.

**민주화 이후 역대 대통령의 거부권 행사**

해지기 시작했다.

이와 함께 대통령과 국회 간 힘겨루기도 본격화되기 시작했다. 국회를 장악한 야당은 독자적으로 법안을 통과시키기 시작했고, 대통령은 이에 대해 거부권을 행사했다. 과거 여소야대 시절에도 대통령의 거부권 행사가 없었던 것은 아니지만, 야당 주도의 법안 통과와 대통령의 거부권 행사라는 악순환은 윤석열 정부 시기에 유독 두드러졌다.

윤석열 대통령은 탄핵으로 직무가 정지되기 전까지 약 2년간 25회의 거부권을 행사했다. 이후 탄핵으로 직무가 정지되거나 대통령직에서 파면된 후 대통령 권한대행에 의해 추가로 17회의 거부권 행사가 이어져, 총 42회의 거부권이 행사되었다. 국회와 대통령 간 대립이 얼마나 격렬하고 극단적이었는지를 단적으로 보여주는 수치다.

이 수치는 윤석열 정부에서 여야 간 갈등이 정치적으로

해결되지 못하고, 행정권을 장악한 대통령과 입법권을 장악한 야당 간의 반복된 힘겨루기로 이어졌다는 사실을 보여준다. 후안 린츠가 '대통령제의 위험성'이라 지적한 대통령제의 제도적 취약점인 '이원적 정통성' 문제가 전면에 부상한 것이다.

과연 누구의 잘못일까?

## 하늘에 두 개의 태양?

민주화 이후, 윤석열 대통령 이전까지 거부권을 가장 많이 행사한 대통령은 노태우였다. 그러나 앞서 살펴본 대로, 그가 행사한 일곱 건의 거부권 중 '국정감사 및 조사에 관한 법률안', '국회에서의 증언·감정 등에 관한 법률 개정안', 그리고 '지방자치법 개정안' 등 세 건은 거부권 행사 이후 야당과의 재협의를 거쳐 여야 합의로 국회를 통과했다. 이처럼 여소야대 상황에서 야당이 통과시킨 법안에 대해 대통령이 거부권을 행사했더라도, 그 이후 정치적 타협을 통해 사안에 대한 갈등이 해소되었다.

윤석열 정부에서의 거부권 정국에 대한 일차적 책임은 대통령이 질 수밖에 없다. 윤석열 대통령은 야당을 국정 운영의 동반자로 간주하지 않았다. 2022년 5월 10일 취임 이후, 거의 2년이 지난 2024년 4월 29일이 되어서야 더불어민주당 이재명 대표와 처음으로 회동했다. 그것이 처음이자 마지막 영수회담이었으며, 회담의 성과도 크지 않았다. 근소한 득표 차이로 당선되었지만, 윤 대통령은 승자독식의 정치를 펼쳤고, 여소야대 상황에서도 야당을 존중하지 않았다.

불통과 독선의 리더십은 야당과의 격렬한 대립과 갈등으로 이어졌다. 이는 '단독 입법 대 거부권 행사'라는 악순환을 초래했다. 윤 대통령의 이 같은 태도는 오랜 의회 경험을 지닌 김대중 대통령이 야당을 대했던 태도와 뚜렷한 대조를 이룬다. 김대중 대통령 역시 여소야대 국면에서 어려움을 겪었지만, 야당 대표와 자주 만나 정책에 대한 이해와 협조를 구했다.

역대 대통령 가운데 제1야당 대표와 영수회담을 가장 많이 한 이는 김대중이다. 김 대통령은 재임 5년 동안 제1야당인 한나라당 총재와 모두 여덟 차례 만났다. 이회창 총재와 일곱 차례, 조순 총재와 한 차례 영수회담을 했다.

(……) DJ가 야당 대표와 영수회담을 많이 한 데에는 '대통령의 의지'가 크게 작용했음을 알 수 있다. 김 대통령은 중요한 정책이나 외교 문제를 야당에 설명하고 이해를 구하는 게 꼭 필요하다고 했다. 그 점에서 DJ는 철저한 의회주의자였다.[66]

손뼉도 마주쳐야 소리가 난다. 정국이 극단적 파국으로 이어졌다면 대통령뿐만 아니라 야당에게도 책임이 있다. 윤석열 대통령 재임 중 야당은 25차례나 단독으로 법안을 통과시켰을 뿐 아니라, 윤 대통령의 직무가 정지되었거나 임기가 종료된 이후에도 17건의 법안을 단독으로 처리했다.

한국 정치가 내각제를 채택하고 있다면, 의회 다수파가 원하는 정책을 추진하기 위해 독자적으로 입법을 시도하는 것은 자연스러운 일이다. 그러나 우리나라는 대통령제 국가로, 정책의 입안과 추진에 대한 권한은 대통령과 행정부에 부여되어 있다.

제헌헌법 제정 이후, 한국의 헌정 체제는 대통령을 중심으로 하는 정부-여당의 정책 주도권을 인정해왔다. 야당은 여소야대라고 해도 대통령의 국정 주도를 받아들이는 대신, 이에 대한 비판과 견제, 감독의 역할을 담당했다. 견제와 반대를 통해 정책의 문제점을 비판하고 대안적 집권 세력으로서 자신의 역량을 보여주고자 했다.

영어로 야당은 'opposition'이라고 표현하지만, 'government-in-waiting'이라고도 부른다. 야당이 대안 권력이지만 야당은 그 기회를 '기다리고 있는' 상태인 것이다. 그런데 야당이 법안을 독자적으로 만들고 그들이 원하는 정책을 관철해 나서게 되면, 이는 '기다림'이 아니라 당장 정책 주도권을 두고 대통령과 경쟁하는 것을 의미한다.

국회가 입법권을 갖고 있으므로, 다수당이 원하는 대로 법을 만들고 정책안을 통과시킬 수 있는 것은 법적으로 가능한 일이다. 그러나 정치적으로는 매우 심각한 결과를 초래할 수 있다. 이는 대통령의 국정 주도권에 대해 국회를 장악한 야당이 정면으로 도전하는 것으로, 결국 "누가 국가 통치의 책임을 맡는가Who governs?"라는 정치제도의 작동과 관련된 본질적 질문과 마주하게 된다. 이는 곧 '하늘에 두 개의 태양이 떠 있는' 상황이 된 것으로, 권력의 중복과 충돌은 정치체제에 커다란 부담을 가져온다.

윤석열 대통령이 거부권을 행사한 법안들의 내용을 한 번 들여다보자. 이들 가운데에는 동일한 법안을 반복적으로 통과시킨 경우도 적지 않다. 김건희 특검법과 채상병 특검법은 야당이 단독으로 국회에서 세 차례나 통과시켰고, 특히 김건희 특검법은 윤 대통령 탄핵 이후에도 네 번째로 국회를 통과했다. 내란 특검법 역시 탄핵 이후 두 차례에 걸쳐 통과됐다. 이처럼 하나의 법안을 네 차례나 단독으로 처리하는 것은, 단순한 입법 시도를 넘어 야당이 자신의 의지를 반드시 관철시키겠다는 강한 정치적 메시지로 해석된다. 즉, 국회의 입법권이 자신들에게 있으므로 그 힘을 이용해 원하는 바를 실현하겠다는 것이다.

야당이 입법권을 활용해 그들이 원하는 바를 끝까지 관철하겠다는 태도에 문제가 없는 것은 아니다. 하지만 특검법이 대통령 측근의 비리 의혹이나 정책 실패 책임을 부각하려는 데 초점이 맞춰져 있다는 점에서, 본질적으로는 정치적 공세의 성격이 강하다고 볼 수 있다.

노동정책과 관련된 이른바 '노란봉투법'은 두 차례, 농업정책과 관련된 '양곡관리법'은 윤석열 대통령 재임 중 한 차례, 그리고 탄핵 가결 이후 한 차례로 총 두 차례 국회를 통과했다. 이는 국정 운영과 직결된다. 지금까지는 이러한 성격의 정책 관련 사안에 대해서 정부-여당이 주도하고, 야당은 이에 대한 비판과 정부 정책의 실정이나 문제점을 정치 쟁점화하는 모습을 보였다. 그러나 이제는 야당이 원하는 정책을 입법권을 통해 실제로 추진하려는 모습을 보이고 있다.

이와 함께 전세사기특별법, 농어업회의소법, 한우산업 지원법, 전국민 25만 원 지원법, 지역화폐법, 초등교육법 개정안, 지방교육교부금법 등 행정부의 국정 운영과 직접적으로 연관된 정책안들까지도 야당이 단독으로 처리했다. 그러나 이렇게 정책안이 통과되어 집행되더라도 그 정책 결과에 대한 책임은 일차적으로 정부 여당이 지게 될 것이다.

대통령은 야당을 설득하는 정치력을 잃었고, 야당은 전통적인 정부-여당의 국정 주도를 인정하는 관행을 무시하면서, 결국에는 두 개의 권력이 자기의 권한만을 최대한 행사하면서 충돌하게 된 것이다.

그동안 한국에서 잦은 여소야대 상황에도 불구하고, 그것이 여야 간 극한적 대립이나 정치적 불안정으로 이어지지 않았던 이유는 앞서 언급한 바와 같이 '대통령과 행정부의 국정 주도에 대한 인정'이 전제되었고, 국회는 비판과 견제를 담당하는 각 기관의 역할에 대해 여야 간 공감대를 형성했기 때문이다.

이는 제헌국회 이래 한국 정치에서 지속되어온 중요한 작동 원리이자 정치적 관행이었다. 그러나 최근 야당이 주도한 일련의 법안 처리 과정은, 대통령을 중심으로 하는 정부·여당의 국정 주도권을 인정하고 야당은 이에 문제를 제기하며 비판하는 기존의 역할 분담을 넘어선 것이다. 의회를 장악한 야당이 주요 정책 사안에 대한 법안을 직접 입법힘으로써, 국정을 주도하려는 태도를 보이게 되었다.

인사 문제에서도 이 같은 특성이 나타난다. 과거 야당은 대통령이 행한 인사에 대해 일차적으로 인사청문회에서의 견제와 비판 등 혹독한 검증을 시행했다. 인사청문회 제도는 김대중 대통령 시절 처음 도입되었고, 노무현 대통령 재임 중에는 그 대상이 검찰총장, 국정원장, 국무위원 등으로 확대되었다. 인사청문회를 제외하면, 대통령의 인사권에 대해 야당이 직접 개입할 수 있는 여지는 매우 제한적이었다.

사실 대통령이 임명한 자리라면 잘하고 못하고의 성적 매김과 그에 따른 책임을 묻는 것은 인사권자인 대통령이 하는 것이 마땅하다. 그러나 우리 헌법은 국회에 국무위원 해임건의권을 부여하고 있다.

이 권한은 1952년 발췌개헌에서 국회가 '국무원 불신임 결의'를 할 수 있도록 도입되었으며, 1954년 사사오입 개헌을 통해 개별 국무위원에 대한 불신임 결의도 가능해졌다. 이후 1962년 제3공화국 헌법에서는 "국회는 국무총리 또는 국무위원의 해임을 대통령에게 건의할 수 있다"고 명시했고, 이 조항은 현재까지 유지되고 있다. 제3공화국 당시에는 국회가 통과시키면 해당 국무위원을 해임해야 하는 강제 조항이 있었지만, 현행 헌법에는 구속력을 규정하지는 않았다.

국무위원 해임건의안은 민주화 이전에는 이승만 정부 시절 한 차례, 박정희 정부 시절 두 차례 통과된 바 있다. 그러나 민주화 이후에는 해임건의안이 자주 활용되지 않았다.

2001년 김대중 대통령 시절, 임동원 통일부 장관에 대한 해임건의안이 민주화 이후 처음으로 국회를 통과했고,

2003년 노무현 대통령 재임 중에는 김두관 행정자치부 장관에 대한 해임건의안이 통과되었다. 두 대통령은 당시 해임건의안이 법적으로 구속력이 없음에도 불구하고, 국회의 권위를 존중해 해당 장관들을 사임시켰다. 이때만 해도 정치가 정상적으로 작동하고 있었음을 알 수 있다.

2016년 박근혜 대통령 시절에는 김재수 농림축산식품부 장관에 대한 해임건의안이 통과되었다. 그는 9월 5일 취임했는데, 이후 3주도 채 안 되어 9월 24일에 해임건의안이 가결되었다. 무리한 해임 요구라는 비판이 제기되었고, 이때 처음으로 대통령이 국회의 해임건의안을 받아들이지 않았다.

그런데 민주화 이후 단 세 차례에 불과했던 국무위원 해임건의안이 윤석열 정부 출범 후에는 16개월 사이에만 세 차례나 통과되었다. 박진 외교부 장관, 이상민 행정안전부 장관에 대한 해임건의안이 가결되었고, 헌정사상 처음으로 국무총리에 대한 해임건의안도 이 시기에 통과되었다. 윤석열 대통령은 한덕수 총리에 대한 해임건의안을 포함해 세 건 모두를 거부했다.

윤석열 정부 들어 해임건의안의 통과가 상대적으로 잦

아진 것은 사실이지만, 국무위원 해임건의안은 여전히 야당이 대통령의 인사 문제를 정치 쟁점화할 수 있는 유용한 수단으로 작용한다. 해임건의안은 법적 구속력을 갖지 않지만, 논란의 대상이 되는 국무위원에 대한 건의안을 통과시킴으로써 해당 사안을 정치적으로 부각시키고 공론화할 수 있기 때문이다.

그런데 야당은 국무위원 해임 건의의 수준을 넘어 고위 공직자에 대한 탄핵안을 통과시키기 시작했다. 더불어민주당이 주도하는 야권은 윤석열 정부 시기에 총 30건의 탄핵안을 발의했고, 이 중 13건을 국회에서 통과시켰다. 장관, 방송통신위원장, 감사원장, 지방검찰총장, 경찰청장, 검사, 국무총리, 대통령에 이르기까지 대상에 제한이 없을 정도로 탄핵 대상이 광범위했다.

그런데 탄핵은 국무위원 해임건의안과는 근본적으로 다른 차원의 인사 개입이다. 앞서 언급했듯, 국무위원에 대한 해임 건의는 사실상 정치적 제스처에 가깝다. 구속력은 없지만, 해임건의안을 통과시킴으로써 '이 인물에 문제가 있다'거나 '대통령이 인사를 잘못했다'는 정치적 메시지를 지지자나 국민에게 전달할 수 있다.

반면, 탄핵 소추는 대통령 인사권에 대한 직접적이고 실질적인 개입이다. 헌법 제65조 제3항에 따르면, "탄핵 소추의 의결을 받은 자는 탄핵 심판이 있을 때까지 그 권한 행사가 정지된다"고 규정하고 있다. 즉, 탄핵안이 국회를 통과하면 헌법재판소가 최종 판단을 내리기 전까지 해당 공직자는 직무를 수행할 수 없다. 이는 실질적으로 정부 활동에 제약을 가할 수 있으며, 국정 운영에 심각한 타격을 준다. 이처럼 탄핵은 대통령 인사권에 대한 단순한 견제나 비판을 넘어 국정 운영에 부정적인 영향을 미친다.

　　입법과 인사에 이어 예산에 관한 기존 관행도 무너졌다. 2025년 예산안 치리 과정에서 야당은 예산에 대해 전례 없는 개입을 단행했다. 더불어민주당은 2025년 예산안을 원안 677조 원 규모에서 4조 1,000억 원을 감액해 예산결산특별위원회에서 단독으로 처리했고, 이어 본회의에서 이를 통과시켰다.

　　여야 합의 없이 예산안이 통과되거나, 감액만 반영된 예산안이 통과된 것은 이때가 처음이다. 삭감된 예산 항목 중에는 예산이 배정되지 않은 전면 삭감도 다수 포함되었다. 그중 윤석열 대통령이 직접 발표한 동해 심해 가스전 개발

사업은 정부안 3,678억 원에서 9억 원으로 삭감되어 사실
상 전면 삭감했다.

　과거 야당은 대통령이 중요하게 여기는 대표 정책 중 하
나를 쟁점화하고 (이를테면 이명박 대통령 시절의 4대강 사업이
그런 사례이다), 상징적인 수준에서 예산을 삭감한 뒤 큰 틀
에서 정부가 제출한 예산안을 그대로 수용하여 다음 정부
의 국가 운영 계획을 승인했다. 예산은 정책 집행을 담당하
는 행정부의 활동과 기능에 결정적인 영향을 미치기 때문
에, 야당 주도의 일방적 예산 삭감이나 처리는 대통령과 행
정부의 국정 운영에 대한 직접적인 도전으로 받아들여질
수밖에 없다.

　실제로 예산은 정치적으로 매우 민감하고 중요한 사안
이다. 영국, 독일, 일본 같은 내각제 국가에서는 내각이 제
출한 예산안이 국회에서 부결될 경우, 이를 내각불신임으
로 간주한다. 이 경우 내각은 물러나고 의회는 해산되어 다
시 선거가 치러진다. 그만큼 예산안의 정치적 의미가 크다.
예산은 정부의 실질적 정책 집행 능력과 직접 관련되는 사
안이라는 점에서, 야당의 과도한 예산안 개입은 대통령과
국회 간 심각한 갈등으로 이어질 수 있다.

야당의 입법을 통한 정책 주도, 대통령 인사권에 대한 방해, 그리고 예산에 대한 개입은 결국 국회와 대통령 간 극단적인 대결로 이어지는 중요한 원인이 되었다. 윤석열 대통령의 비상계엄 선포 역시 두 권력 간의 극단적인 대립에서 비롯된 충돌이다.

여소야대는 영어로 'divided government'라 표현한다. 권력을 분점分占한 의회와 대통령, 두 기구가 경쟁적으로 국정을 주도하려면, 이들 간의 갈등은 정치체제의 안정성을 해치는 심각한 지경에 이를 수 있다. 이 현상은 이원적 정통성을 가진 대통령제의 가장 취약하고 위험한 정치적 결과 중 하나이나. 거의 20년 전인 2006년에 출간한 책에서 분점정부의 출현과 여소야대 현상에 대해 다음과 같이 서술한 적이 있다.

분점정부의 출현이 의회를 장악하고 있는 야당과 대통령 간 극단적인 힘겨루기로 이어질 때 두 기구 간 정면충돌로 인한 갈등의 최종적 종착지는 정치 활동의 중단이 될 수도 있다. 대통령 쪽에서는 계엄령이나 비상조치 선언, 혹은 군부에 의한 쿠데타 등 비정상적이거나 초법적인 수단을

통해 의회를 압박할 수 있다. 한편 의회 쪽에서는 대통령을 압박하기 위해 탄핵을 시도할 수 있다.[67]

과거 남미의 정치를 떠올리며 대통령제의 예외적이고 극단적인 상황을 설명하고자 했던 글이, 오늘날 한국 정치 현실에 대한 예언처럼 되었다. 왜 이토록 상황이 악화된 것일까?

## 상호관용과 제도적 자제의 소멸

야당이 과거에 보기 어려운 과도한 수준으로 권한을 행사하며 대통령과 대립 관계를 형성했다고 하지만, 사실 따지고 보면 야당은 법을 위반하지 않았다. 모두 법의 규정대로 권한을 행사했을 뿐이다. 법에 정해진 권한을 행사한 것인데, 이를 잘못되었다고 할 수 있을까? 앞서 언급한 대로 여소야대는 민주화 이후에도 빈번하게 나타났다. 그런데 왜 당시 야당들은 야대野大의 입장이었음에도 불구하고 그들의 권한을 적극적으로 행사하지 않았을까? 그들은 법을 몰라서 그랬을까?

과거의 야당은 대통령과 여당의 국정 주도를 인정하고,

견제와 비판의 수준을 넘어서지 않았다. 과반 의석을 차지하더라도, 그들이 원하는 정책을 주도적으로 입법하고 실행하겠다고 나서지 않았다. 또한 대통령의 인사에 대해 직무 정지로까지 몰아갈 수 있는 탄핵 소추를 자제하고, 인사청문회를 활용하거나, 예외적으로 국무위원 해임건의안을 제기하는 선에서 머물렀다. 예산안 역시 정부의 대표 정책을 쟁점화하며 정부·여당을 압박했지만, 큰 틀에서는 정부의 예산편성권과 대통령의 국정 주도권을 인정하며 여야 간 합의로 예산을 처리했다.

그러나 이제는 과거와 같은 야당의 신중함과 자제력이 사라지면서 사실상 두 개의 정부가 생겨난 것과 다름없게 되었다. 국민이 선출한 두 개의 헌정 기구, 즉 대통령과 국회가 국정 주도권을 놓고 정면으로 충돌하며 갈등하고 있다. 과거 여소야대 상황에서 야당이 지켜온 일정한 자제의 선을 넘어, 대통령의 국정 운영에 직접적으로 도전하고 정국을 주도하면서, 정치는 파국에 이르게 되었다.

정치의 파국은 한국만의 특수한 상황이 아니다. 전통을 자랑하는 미국의 민주주의조차 트럼프 당선 직후 위기에 직면하게 되었다. 미국의 민주주의 위기를 바라보며, 과거와 달리 왜 이런 상황이 벌어졌는지에 대해 두 명의 미국 정치학자는 다음과 같이 진단했다.

물론 미국의 견제와 균형 시스템은 역사적으로 대단히 효과적이었다. 하지만 그것은 건국의 아버지들이 설계한 헌법 시스템 덕분만은 아니었다. 민주주의가 건강하게 돌아가고 오랫동안 이어지기 위해서는 성문화되지 않은 규범이 헌법을 뒷받침해야 한다. 지금까지 두 가지 기본적인 규범이 오늘날 우리가 당연시 여기는 미국 사회의 견제와 균형을 유지해왔다. 그 두 가지 규범이란 정당이 상대 정당을 정당한 경쟁자로 인정하는 상호 관용mutual toleration과 이해understanding, 그리고 제도적 권리를 행사할 때 신중함을 잃지 않는 자제forbearance를 말한다. 이 두 규범은 20세기 대부분의 기간 동안 미국 민주주의 기반을 강화해왔다. 양당 지도자는 서로를 정당한 경쟁자로 받아들였고, 그들에게 시한부로 주어진 제도적 권리를 오로지 당의 이익을 위해서만 활용하려는 유혹에 굴복하지 않았다. 이처럼 관용과 절제의 규범은 미국 민주주의를 보호하는 연성軟性 가드레일로 기능하면서, 당파 싸움이 파멸의 나락으로 떨어지지 않도록 막아주었다. 반면 1930년대 유럽이나 1960년대와 70년대 남미에서 나타난 자멸적인 당파 싸움은 여러 국가의 민주주의를 죽음으로 내몰았다.[68]

이들의 이야기는 오늘날 우리의 정치 상황과 크게 다르지 않다. '미국'을 '한국'으로 바꿔 읽으면, 그대로 우리의 현실이 된다. 지난 10년 동안 한국은 "정당이 상대 정당을 정당한 경쟁자로 인정하는 상호 관용과 이해, 그리고 제도적 권리를 행사할 때 신중함을 잃지 않는 자제심"을 잃어버렸다. 이와 함께 민주주의를 지탱하던 부드럽지만 중요한 '연성 가드레일'이 무너졌고, 결국 이러한 당파적 대립이 민주주의를 파멸의 길로 몰아넣고 있다. 이들이 말하는 '헌법을 뒷받침하는 성문화되지 않은 규범'이란 바로 관행을 의미한다.

민주주의는 성문화된 규칙(헌법)과 심판(사법부) 시스템을 갖추고 있다. 그러나 민주주의가 오랫동안 건강하게 기능하는 국가의 경우, 성문화되지 않은 규범이 성문화된 헌법을 지속적으로 강화한다.[69]

한국의 민주주의에서도 민주화 이후 지켜온 정치적 관행이 무너져버렸다. 정치적 대립과 갈등이 심화된 근본적인 원인은, 비록 법으로 명문화되지는 않았지만 여야 모두가 존중해왔던 정치적 완충장치로서의 관행이 깨졌기 때문이다.

이 같은 정치적 관행의 붕괴는 이번 한 번의 문제로 끝나지 않는다. 관행이 무너졌다는 것은, 앞으로도 지금과 같은 정치적 위기가 언제든 반복될 수 있음을 의미한다. 예컨대, 정권이 교체된 이후에도 여소야대 정국이 다시 형성된다면, 과반 의석을 확보한 야당은 입법을 단독 처리하고, 대통령이 임명한 고위 공직자를 탄핵하며, 예산안을 자의적으로 삭감할 수 있다.

이미 '제도적 자제'라는 정치적 관행이 무너진 상황에서, 대통령의 국정 운영에 대한 개입과 방해가 더 이상 거대 야당에게 정치적 부담으로 작용하지 않을 가능성이 크다. 결국 상황은 또다시 정치적 파국으로 이어질 수 있으며, 정치적 관행의 붕괴는 우리가 겪고 있는 갈등과 대립을 상시적인 정치 위기로 이끌 우려가 있다.

우리가 회복해야 할 것은 민주화 초기의 타협과 관용의

정치다. 그 정신이 있었기에 이후 한국의 민주주의는 안정적으로 공고화될 수 있었다. 지금의 정치적 위기를 극복하기 위해서는 민주화 이후 15년간 굳건하게 지켜졌던 그 시기의 정신으로 돌아가야 한다. 앞서 인용한 미국 정치학자들이 강조했듯, 민주주의를 지탱하는 핵심은 '상호 관용'과 '제도적 자제institutional forbearance'다. 상호 관용은 여야 정당이 서로를 정당한 경쟁자로 인정하고 존중하는 태도이며, 제도적 자제는 법적으로 허용된 권한이라 해도 그것을 무제한 행사하지 않고 자제하는 태도를 말한다. 이러한 정치적 관행이 회복되고 지켜질 때, 우리는 안정적이고 지속 가능한 민주주의로 나아갈 수 있다.

# 우리는 제왕적 대통령제의
# 한계를 경험했다

## 제왕적 대통령제의 결말

2024년의 비상계엄 선포와 탄핵 사태를 겪으면서 87년 체제의 제도적 한계가 분명해졌다. 지금의 정치 시스템으로는 더 이상 한국 민주주의의 안정적 운영이 어렵다는 사실이 확인된 것이다. 87년 체제를 기반으로 한 현행 제도는 변화된 정치 현실을 담아내는 데 구조적 한계에 부딪혔다. 한국의 민주주의가 지속되려면, 이제는 87년 체제를 넘어서는 새로운 정치 시스템으로의 전환이 필요하다.

87년 체제의 핵심은 바로 대통령 직선제이다. "내 손으로 대통령을 뽑자"는 국민의 열망이 바로 87년 체제를 탄생시킨 동력이었다. 이 체제의 중심에는 대통령제라는 정치 시스템이 자리하고 있다. 그런데 대통령제의 가장 중요한 제도적 특성은 '임기의 고정성'이다.

내각제 국가에서도 의회의 임기는 정해져 있다. 예컨대 영국은 5년, 뉴질랜드는 3년이다. 그러나 내각제는 내각 불신임 결의나 총리의 의회 해산을 통해 임기 도중에도 정치 지도자를 교체할 수 있는 유연함을 갖고 있다. 규정된 임기가 꼭 지켜질 필요는 없는 것이다.

그러나 대통령제는 다르다. 헌법에 의해 정해진 대통령의 임기는 고정된 것이며, 이는 정치적 안정성의 기반이다. 따라서 대통령의 임기는 엄격히 지켜져야 한다. 연임제라면 첫 임기를 마친 후 정치적 평가를 다시 받아야 하고 단임제라면 임기를 채우고 물러나야 한다.

하지만 최근의 한국 정치 현실에서는 대통령제의 안정성이 심각하게 흔들리고 있다. 대통령제의 강점으로 여겨졌던 제도적 안정성이 위협을 받고 있는 것이다.

대통령제를 대표하는 나라, 미국에서는 1789년 조지 워싱턴이 초대 대통령으로 취임한 이래 오늘날까지 탄핵으로 물러난 대통령이 단 한 명도 없다. 지금까지 하원에서 탄핵소추안이 통과되어 상원의 탄핵 심판 대상이 된 대통

탄핵이 일상화되어버린 대한민국, 거리의 정치가 익숙해졌다.

령은 앤드루 존슨, 빌 클린턴, 그리고 도널드 트럼프 총 세 명이다. 이 중 트럼프는 두 차례에 걸쳐 탄핵 심판을 받았지만, 하원에서 가결된 네 차례의 탄핵 심판 중 어느 것도 상원에서 가결되지 않았다. 즉, 미국 역사상 탄핵을 통해 대통령이 파면된 사례는 한 번도 없다.

그러나 우리나라에서는 2004년 노무현 대통령이 국회에서 탄핵된 이후, 2016년 박근혜 대통령과 2024년 윤석열 대통령까지 총 세 명의 대통령이 국회 탄핵 소추를 받았고, 그중 두 명은 탄핵이 인용되어 대통령직에서 물러났다.

미국의 230년 역사상 단 한 번도 없었던 일이 우리나라에서는 불과 8년 사이에 두 차례나 발생한 것이다. 지극히 예외적인 상황을 가정해 만든 탄핵 제도가 이제는 일상적인 일처럼 되어버렸다. 다음 대통령이 누구든 재임 중 문제가 발생하면 또다시 탄핵을 통해 임기 중반이라도 파면할 수 있다고 쉽게 생각하게 된 것이다. 이는 한국의 대통령제가 지닌 제도적 안정성이 크게 훼손되었음을 의미한다.

사실 대통령제의 불안정성은 그 이전부터 다른 형태로 나타났다. 바로 대통령 권위의 약화다. 그동안 한국의 대통령은 '제왕적 대통령'이라 불릴 만큼 강한 권위를 가졌다.

예를 들어 이승만, 박정희, 김영삼, 김대중 대통령은 오랜 시간 난관을 극복하면서 저마다 '영웅적 서사'를 만들어냈다. 그러한 영웅적 서사는 이들을 강한 권위와 카리스마를 갖춘 지도자로 만들었다.

한국의 대통령제도 이들에 의해 만들어지고 복원되고 지속되었다. 원래 제헌국회의 헌법기초위원회에서는 내각제로 통치 형태에 합의했다. 하지만 이승만 박사가 대통령제가 아니면 정부에 참여하지 않겠다고 고집을 부리면서 대통령제로 바뀌었다. 그 헌법 초안의 수정 과정에서 현재와 같은 혼합형 대통령제가 만들어진 것이다.

제1공화국이 몰락한 뒤 4·19 혁명과 함께 제2공화국이 들어서면서 내각제로 전환되었으나, 박정희에 의해 강력한 대통령제가 복원되었다. 민주화 과정에서도 통치 형태를 두고 여러 논란이 있었지만, 대통령 직선제 개헌을 목표로 설정하고 성사시킨 이들이 바로 김영삼과 김대중이었다. 결국 한국의 대통령제는 이승만에 의해 도입되었고, 박정희에 의해 부활되었으며, 김영삼과 김대중에 의해 지속된 것이다. 이처럼 한국의 대통령제는 제도 자체의 동력보다 '인물'에 의해 좌우되어왔다고 할 수 있다.

하지만 민주화 이후의 정상화된 정치 환경에서 이들처럼 '영웅적 서사'를 만들어내는 것은 불가능한 일이 되었다. 이제 정치적 무게감과 권위를 갖는 정치 지도자를 만나기 어렵게 되었고, 그만큼 대통령의 권위는 예전보다 약화했다.

## 대통령제에 대한 안정성을 묻다

대통령 권위의 약화는 다른 면에서도 대통령제의 안정성을 해치고 있다. 굳이 탄핵의 형태가 아니더라도 대통령의 권위에 대한 도전이 예전에 비해 빈번해지고 있다.

2008년 이명박 대통령은 취임 직후 광우병 사태로 약 100일간 국정이 마비되는 어려움을 겪었다. 문재인 대통령은 2019년 조국 사태를 계기로 극심한 사회 갈등의 중심에 서게 되면서 '한쪽의 대통령'으로 자리매김했다. 2023년 취임한 윤석열 대통령은 임기 초부터 퇴진 시위에 직면했다. 여기에 탄핵까지 포함하면 2003년 이후 취임한 모든 대통령은 권위에 심각한 도전을 받았다. 대통령 권위의 약화는 결국 우리나라 대통령제의 제도적 안정성이 취약해졌음을 보여주는 또 하나의 증거이다.

오랜 의회 경험을 거치면서 검증된 정치 지도자를 만들어내지 못하고 있다는 사실은 대통령제의 안정성 약화에 영향을 미친다. 오늘날 한국 정치는 의회 정치를 통해 정치적으로 성장하고 검증된 인물을 찾기보다는, 정치 경험이 없거나 짧은 아웃사이더에게 관심을 갖는다.

하지만 국가를 다스리는 일은 오랜 정치적 경험과 많은 훈련 과정을 필요로 한다. 경험과 훈련 없이 등장한 인물은 '실패한 대통령'으로 귀결될 가능성이 크다. 이는 다시 대통령의 권위 실추로 이어지고, 대통령제에 대한 안정성을 훼손하는 악순환으로 반복된다.

독일의 사례를 살펴보자. 앙겔라 메르켈Angela Merkel은 1990년 독일 통일 후 첫 연방선거에 당선되어 연방의회 의원이 되었고, 헬무트 콜 정부에서 여성청소년부 장관을 맡으며 정치 경력을 시작했다. 4년 뒤인 1994년에는 환경 및 핵 안전부 장관으로 임명되어, 논란이 많았던 정책 업무를 능숙하게 관리하며 역량을 인정받기 시작했다. 1998년 기민당의 당 사무총장을 맡았고, 2000년 4월 10일 기민당 당수로 선출되었다. 이후 2005년부터 2021년까지 총 16년간 독일 총리로 재임했다.

메르켈 총리는 의회, 정부, 정당에서 다양한 정치 경험을 쌓고, 오랫동안 당내 동료 의원과 유권자의 평가와 검증을 거쳐 최고 지도자 자리에 올랐다. 이런 정치 시스템에서는 정치적 경험이 얕은 정치적 외부자가 하루아침에 최고 지도자로 갑작스럽게 부상할 가능성은 거의 없다.

## 통합의 중심이 필요하다

현행 체제의 또 다른 문제는 사회적 분열과 대립을 해소할 리더가 부재하다는 것이다. 대통령이 국가 통합의 상징이어야 하지만, 현실에서는 오히려 갈등의 정점에 서 있다. 심각한 갈등이 발생해도 이를 중재하고 봉합할 수 있는 역할을 제대로 하지 못한다.

한국의 대통령은 두 가지 직책을 겸한다. 하나는 국가수반head of state으로서 국민 통합과 체제 지속의 상징 역할을 맡는다. 다른 하나는 정부 수반head of government으로서 구체적인 정책 방향을 결정하고 집행하는 책임을 진다.

정부 수반의 역할은 이견과 갈등을 불러올 수 있다. 친노동이냐 친기업이냐, 세금을 올릴 것이냐 내릴 것이냐, 북한에 화해의 손길을 내밀 것인가 혹은 적대적 관계를 유지할 것인가 등 정책의 방향을 두고 이견과 갈등이 생겨날 수밖에 없기 때문이다. 이처럼 이 두 가지 직책은 상충된 역할을 요구한다.

국가 수반으로서는 국민 통합의 지도자가 되어야 하지만, 정부 수반으로서는 정책의 지향점을 가질 수밖에 없기 때문에 갈등에서 벗어나기 어렵다. 그런데 한국에서 대통령은 주요 국가 정책을 주도하는 정부 수반의 역할이 더 중요하게 여겨진다. 이 때문에 대통령은 누가 되든 사실상 갈등의 중심에서 벗어나기 어렵다.

그렇다면 국민을 통합하는 역할은 누가 맡아야 할까? 분열과 갈등이 극심한 사회가 되었지만, 대한민국에는 분열된 국민을 화해하고 통합시킬 정치 지도자가 사실상 존재하지 않는다. 국가 수반과 정부 수반의 직책이 서로 다른 이들에게 분리되어야 국민 통합의 역할을 맡는 지도자를 만들어낼 수 있을 것이다.

앞서 여러 측면을 살핀 것과 같이, 87년 체제는 이제 한계점에 달했다. 한국 사회는 민주화 이후 사회경제적으로 크게 변화했다. 사회가 성장하고 변화하면서 그동안 경험해보지 못한 난제들을 떠안게 되었다. 하지만 이를 해결할 정치적 동력은 찾아보기 어렵다. 인구 감소는 이미 심각한 수준에 이르렀고, 지방 소멸의 위기감 또한 커지고 있다.

이 같은 다양한 문제들을 해결하기 위해서는 10년, 20년 이상 동일한 정책 기조가 장기적으로 추진되어야 한다. 그러나 현실에서는 장기적인 국가 계획을 추진하기가 매우 어렵다.

대통령 임기 내에 성과가 기대되는 5년 단위 정책만 추진되고, 전임 대통령이 시작한 정책들은 후임 대통령에 의해 중단되는 경우가 많다. 오히려 이전 정부의 정책을 전면적으로 부정하거나 무시하는 모습이 반복된다. 결국 새 대통령이 등장해도 사회는 크게 변화하지 못한다. 변화의 동력을 찾지 못하면 사회는 정체되어가고, 이는 정치 전반과 체제에 대한 불만으로 이어진다. 사회가 성장하고 변화한 만큼 정치 시스템에도 근본적인 변화가 시급하다.

# 혐오의 정치를 넘어
# 다시 설계하는 질서

## 힘은 나누어야 한다

이제는 통치 시스템을 바꿔야 할 때다. 무엇보다 현행 대통령제를 개혁해야 한다. 이전의 성공적인 역사를 부정하려는 것은 아니다. 한국의 대통령제는 그동안 매우 효과적으로 작동해왔다. 역량 있는 인물들이 국정을 맡아 시대적 문제를 과감히 해결하며 큰 변화와 발전을 이끌었다. 그들의 리더십은 경제 성장, 민주적 진전, 그리고 사회 개혁으로 이어졌다. 그러나 과거의 통치 시스템은 현실 정치에 비추어 볼 때 더 이상 지속 가능해 보이지 않는다.

민주화 이후 타협의 정치가 작동하면서 권력을 향한 경쟁은 치열했지만, 여야 간 협력이 이루어졌고 DJP 연합처럼 권력 공유도 실현되었다. 그러나 지금은 승자독식의 정치체제로 정파 간 경쟁이 심각한 적대 관계로 변했다. 승자독식의 체제에서 승자는 모든 것을 차지하지만 패자는 아무것도 갖지 못한다. 결국 수단과 방법을 가리지 않고 모두가 이기려고 한다. 패자가 감수해야 할 정치적 비용과 위험성이 크다는 점은 민주주의의 안정에 매우 부정적인 영향을 끼친다.

사회적 환경도 크게 달라졌다. 1987년에는 국가가 다른 모든 영역을 압도했다면, 오늘날에는 시민사회, 기업, 지방 등 각 하위 영역의 역량과 자율성이 매우 커졌다. 더 이상 국가의 일방적 주도와 독짐이 바람직하지 않은 상황이 된 것이다. 그렇다면 무엇을, 어떻게 바꿔야 할까?

첫째, 독점적인 대통령 권력을 분산시켜야 한다. 승자독식과 권력 독점의 대통령제를 폐기해야 한다. 한 사람에게 권력을 집중하지 말고, 권력을 나누어 공유하고 연합할 수 있는 시스템을 만들어야 한다. 대통령의 집중된 권력을 나눠 국정과 관련된 주요 권한을 총리와 내각에 부여해야 하는 것이다. 총리가 독립성과 책임성을 갖추도록, 대통령이 아닌 의회가 총리를 선출하는 방식을 도입할 필요가 있다.

즉, 행정 수반의 직책을 총리에게 넘기는 것이다. 그리고 대통령은 국가 수반으로 '통합'의 중심에 자리하면서 일상의 정치에서는 한걸음 물러서고, 대신 총리와 내각이 국가 주요 정책을 이끌어가야 한다.

그렇다면 대통령은 무엇을 해야 할까? 정치적으로 총리와 내각을 견제하고 감독하는 역할을 하면 된다. 총리를 지명할 수 있고, 법률에 대한 거부권을 가지며, 필요시 의회를 해산하는 권한이 대통령에게 부여되면, 큰 정치적 영향력을 행사할 수 있다. 군 통수권과 국민투표 부여 권한 등의 중요한 권한도 대통령에게 부여할 수 있다. 또한 정파적 입장의 크지 않으면서 장기적으로 해결해야 할 국가 과제들(기후위기, 인구 감소, 지방 소멸, 통일과 같은 장기 정책)은 대통령의 어젠다로 삼아 대통령이 주도하도록 해야 한다.

집중된 대통령의 권력은 수직적으로도 분산되어야 한다. 과감한 지방 분권이 필요하다. 지방자치단체라는 명칭부터 지방정부로 바꿔 권한을 강화해야 한다.

현재 지방자치단체는 중앙정부가 위임한 사안을 처리하는 수준에 머물러 있다. 지방의회의 조례는 국회에서 만든 법률안은 물론이고 행정 부서의 각종 령♠에도 제약을 받는다. 이런 구조에서 벗어나 지방정부에 과감하게 권한을 이양하여 효율적인 지방 거버넌스를 두고 지방정부가 서로 경쟁하며 발전할 수 있는 시스템으로 바꾸어야 한다.

분권형 대통령제로의 개혁과 함께, 정당 체계를 다당제로 바꾸어야 한다. 양당제하에서는 어느 한 정당이 과반 의석을 차지하게 될 것이고, 이런 상황에서는 정치적 타협의 추구보다 수의 힘에 의존하게 된다. 일방적으로 밀어붙이는 식의 정치는 극단적인 대결 정치를 초래한다.

특히 양당제와 양극적 대립이 중첩된 상황에서 양당 간 격돌이 극단적인 수준으로까지 악화하면, 사회는 하나의 정치공동체로 유지하기 힘든 심각한 수준으로까지 분열하여 대립할 수 있다. 하지만 3~5개의 정당이 존재하고 어느 당도 단독으로 과반 의석을 확보하지 못한다면, 타협하고 협상하며 양보하게 된다. 또한 보다 다양한 사회적 요구와 견해가 정치적으로 대표될 수 있다. 다당제가 되어야 일방주의 정치가 아니라 타협과 조정의 정치를 기대할 수 있는 것이다.

이를 위해서는 무엇보다 선거제도를 바꿔야 한다. 지역주의와 1인 선거구제가 결합하면서 새로운 정당의 출현을 어렵게 만들고 있다.

한국의 정당 체계는 독과점 구조이다. 중앙 정치에서는 두 개의 정당이 서로 다투는 과점이고, 지역 수준에서는 경쟁이 사라진 일당 지배라는 독점 구조가 만들어져 있다. 시장 경쟁이든 정치 경쟁이든 독과점이나 카르텔이 형성되면 문제가 발생한다. 경쟁이 없으면 혁신의 동력이 사라지며, 그 피해는 정치적 소비자인 유권자가 모두 떠안게 된다.

정당 정치의 경쟁성을 회복하기 위해서는 독과점 구조를 깨야 한다. 선거제도 개혁을 통해 정당 정치의 경쟁성, 책임성, 반응성을 강화하여 정치권 내에서 새로운 변화의 동력이 나올 수 있도록 해야 한다.

또 한 가지 중요한 점은 권력 간 견제와 균형 시스템을 강화하는 것이다. 한국 대통령제에서는 '국가원수'인 대통령이 입법부는 물론 사법부보다도 더 높은 지위에 있다는 의식이 강하게 자리 잡고 있다. 그러나 사법부의 독립성과 중립성은 결코 훼손되어서는 안 된다.

앞서 헝가리나 폴란드 등 민주적 퇴행을 겪은 국가에서 최초로 시도한 것은 사법부를 '길들이는 것'이었다. 법원과 헌법재판소 같은 사법부는 물론, 선거관리위원회, 감사원 등 심판 기구들의 독립성과 중립성을 제도적으로 확고히 하는 것이 무엇보다 중요하다. 민주주의는 권력 간 견제와 균형 시스템이 무너지면 붕괴하고 만다.

미국 헌법과 정치제도 마련에 큰 영향을 미친 제임스 매디슨은 연방주의자 논고Federalist Papers 제51호에서 다음과 같이 말했다.

행정장관이나 판사들이 입법부로부터 독립적이지 않다면, 다른 모든 부분에서의 독립성은 단지 명목상의 것에 불과할 것이다. 여러 권한이 한 부서로 점차 집중되는 것을 막는 가장 큰 안전장치는 각 부서를 담당하는 이들에게 다른 부서의 침해에 저항할 수 있는 필요한 헌법적 수단과 개인적 동기를 부여하는 것이다. (……) 야심은 또 다른 야심에 의해 맞설 수 있도록 만들어져야 한다.[70]

## 미래 세대가 필요한 한국 정치

한국 정치가 분열과 갈등의 늪에 빠진 데에는 옛날식 문법에 사로잡혀 여전히 민주화 이전의 이분법적 사고에서 벗어나지 못한 세대 요인도 크게 작용한다. 시대 상황은 크게 바뀌었지만 정치권의 세대교체는 너무 오래전의 일이 되어버렸다. 시대적 흐름을 읽고 주도해갈 수 있는 젊은 정치 세대의 등장이 시급하다.

더욱이 국제정치와 산업 측면에서 우리는 또 다른 전환기를 맞이하고 있다. 트럼프 등장 이후 전후 국제질서가 크게 변화했고, 이른바 4차 산업혁명으로 인공지능과 로봇, 드론 등 새로운 산업의 중요성이 커지고 있다. 옛날식 사고방식으로는 발 빠른 변화에 대응하기 어렵고 경제적, 사회적 혁신을 주도하기도 어렵다.

이제 새로운 정치 세력과 젊은 인물의 등장이 절실하다. 미래지향적인 비전과 역량을 갖춘 젊은 세대가 향후 정치를 주도할 수 있도록 키워 나가야 한다.

한국 현대사에서 드라마틱한 변화는 젊은 정치인들에 의해 이뤄졌다. 한국 사회 근대화의 출발점이 된 1961년 5·16 군사정변의 리더였던 박정희는 당시 44세였고, 그것을 모의하고 기획한 김종필과 그의 동료들은 35세에 불과했다. 지금 돌이켜보면 이들이 매우 젊었다는 사실을 알 수 있다.

1971년 '40대 기수론'으로 야당인 신민당의 변화를 이끌었던 세 명의 정치인 역시 젊은 세대였다. 김대중은 47세, 김영삼은 44세, 이철승은 49세였다. 그리고 앞서 살펴본 대로, 열린우리당 창당과 2004년 총선 승리로 30~40대 젊은 의원들이 대거 정치권에 진입했다.

그러나 이른바 386세대가 대거 진입한 이후, 20여 년 동안 정치권의 세대교체는 이루어지지 않고 있다. 시대적 환경은 끊임없이 새 술을 빚어내고 있는데 이를 담아낼 새 부대를 우리는 아직 찾지 못하고 있다.

## 공존과 관용의 정치

근대 사회에서 민주주의가 확립되도록 이끈 중요한 가치는 공존과 관용이다. 정치적이든 종교적이든 서로 다른 가치나 신념을 가진 사람들이 상대방을 절멸하려 하지 않고, 함께 살아가기로 한 것이 민주주의 발전의 밑거름이 되었다.

만약 나와 다른 의견이나 신념을 악으로 몰아간다면, 거기에 공존은 있을 수 없다. 선과 악은 공존해서는 안 되며, 선이 악을 눌러야 하기 때문이다. 이런 선악의 인식을 갖는다면 그 사회는 끊임없는 대립과 갈등이 생겨날 수밖에 없다.

정치적 차이는 옳고 그름의 문제가 아니며, 선과 악의 문제도 아니다. 그저 '다름'일 뿐이다. 그들은 나와 다른 생각과 다른 정치적 선호를 가진 사람들일 뿐이다. 민주주의가 발전할 수 있었던 이유는 저마다 가진 생각과 가치가 다르더라도 서로를 인정하고 존중했기 때문이다. '서로 다름'에 대한 이해와 인정, 그리고 배려가 있어야만 조화롭게 공존할 수 있다.

합의consensus라는 것은 이미 완결된 상태나 만장일치를 의미하는 것이 아니다. 서로 다른 입장이 공존하는 상황에서 그 다름을 조금씩 좁혀가며 타협과 양보를 통해 하나로 모아가는 과정이다. 합의는 타협을 통해 '만들어가는 과정'이다. 그것이 바로 정치의 기능이다.

1987년 이후 한국 정치는 비교적 안정적인 민주주의를 이뤄냈으며, 국제적으로도 높은 평가를 받았다. 한국은 제3의 민주화 물결을 탄 국가들 가운데 드물게 민주적 공고화에 성공했다. 그것이 가능했던 이유는 1987년 민주화 전환과 공고화 단계에서 보여준 타협과 공존의 정신 덕분이다. 이러한 정신이 지켜졌기에 안정적인 민주주의를 유지할 수 있었다.

그러나 최근 들어 정치가 선과 악의 이분법으로 사회를 분열시키고 그 다름을 인정하려 하지 않았다. 공존과 타협이라는 민주화의 정신도 부정되었다. 이와 함께 심각한 양극화와 적대적 정치만 남게 되었다.

우리가 겪은 정치적 위기를 극복하기 위해서는 정치권과 시민 모두의 노력이 필요하다. 정치권은 무엇보다 87년 체제의 정신인 타협과 공존의 정치로 되돌아가야 한다. 또한 이제 시민들도 서로의 다름과 차이를 수용하고 존중하며, 공존과 타협의 세상을 만들어가기 위해 함께 고민해야 할 때이다.

# 지금은 민주주의를 위한 상상력이 필요하다

이 책은 2024년 12월 비상계엄 선포로 인한 한국 민주주의 위기의 원인을 찾아보자는 데서 출발했다. 그 사건이 발생하기 전까지 민주주의가 쉽게 흔들릴 만큼 허약하다고 생각하지 않았다. 비상계엄이라는 정치적 위기는 한국 민주주의의 건강에 대해 진지하게 되돌아보는 계기를 마련해주었다.

2024년 12월의 정치적 위기는 시대착오적 인식을 지닌 무능한 정치 지도자의 그릇된 판단에서 촉발한 것이지만, 한국 민주주의가 작동하는 방식에 근본적인 문제가 생겨났음을 드라마틱하게 보여주는 사건이기도 했다. 그동안 한국 민주주의가 안정적으로 유지되도록 지탱해준 기반이 무너진 것이다.

한국 민주주의의 병리적 현상의 원인에 대해 살펴본 이 책의 진단은 공존과 타협의 정치가 실종되었다는 것이다. 권력을 향한 정치적 경쟁이 아무리 치열하다고 해도, 상대방을 인정하고 공존을 모색하는 타협의 정치가 제대로 작동했을 때는 갈등이 위기로 비화하지 않았다. 그러나 타협과 공존을 가능하게 한 제도적 자제와 관행의 존중이 사라지고, 부정과 배척의 정치가 그 자리를 대신하면서 정치는 극단으로 치달았고 민주주의는 위기에 처했다.

민주주의는 법과 같은 성문화된 규범에 앞서, 이견을 좁히고 내립을 해소해 합의를 도출하려는 정치의 역할에 의해 원만하게 작동한다. 그러나 언젠가부터 정치적 사안을 사법적 판단에 맡기려는 경향이 나타났다. 이른바 정치의 사법화이다. 여야의 대립이 정치적 타협으로 해소되지 못하고 사법부의 판단을 받게 되는 정치의 사법화는 "상호 존중과 절제의 불문 헌법적 사회 규범"이 훼손되었다는 징표이다.[71]

그런데 사법부의 판단은 유죄와 무죄, 두 가지밖에 없다. 정치는 그 중간의 영역에서 수많은 타협과 합의를 도출

해낼 수 있다. 또한 사법적 판단에 맡기게 되면, 누군가는 재판에서 이기고 누군가는 지게 된다. 그러나 정치는 갈등을 빚고 있는 양측 모두가 수긍할 수 있는 '윈-윈win-win'의 상황을 이끌어낼 수 있다. 법적 다툼에 맡기기 전에 정치가 작동해야 양극적 대립을 막을 수 있다.

정치의 복원은 한국 민주주의 회복을 위한 가장 중요한 조건이다. 정치를 복원하려는 정치권의 노력이 무엇보다 중요하지만, 제도적인 개혁 역시 필요하다. 양당제는 양극화된 정치와 잘 어울린다. 사회를 둘로 쪼개고 어느 한쪽에 줄 서기를 강요하는 것은 양극화의 정치이고, 그것을 제도적으로 수용하는 것은 양당제이다.

이미 경험한 것처럼 양극화 정치는 공동체 구성원들을 서로 대립하고 불신하게 만들어 갈등을 더욱 증폭시킨다. 결국 정치적 선택지가 다양해야 한쪽으로만 줄서기를 강요받는 데서 벗어날 수 있다. 다당제로의 전환이 매우 중요한 이유이다.

다당제가 된다면 타협과 양보가 제도적으로 강제될 것이다. 혼자서 다수를 만들 수 없다면 다른 정당의 도움을 청해야 할 것이고, 그 과정에서 협상과 타협이 이뤄질 것이다. 다당적 구도로의 전환은 새로운 정당의 출현이 가능한 일이다. 이를 위해서는 현재의 소선거구 단순다수제 중심의 선거제도를 보다 비례성이 높은 제도로 바꿔야 한다.

양극화의 정치는 대통령에 의한 권력 독점과 승자독식의 정치와 긴밀히 연결되어 있다. 이기면 모든 것을 차지하고 지면 아무것도 얻지 못하는 제로섬 경쟁은 필연적으로 격렬한 갈등으로 이어진다. 하지만 권력이 분산되어 있다면 굳이 대통령직이 아니더라도, 담당할 권력은 다양하게 존재할 것이고 그만큼 정치적 대립이나 갈등도 완화될 것이다.

시대적으로 봐도 1987년의 한국 사회는 오늘날의 상황과 비교하면 너무 다르다. 민주화 때인 1987년 우리나라 1인당 국민총소득GNI은 3,480달러였지만, 2024년에는 37,035달러로 10배 이상 늘었다.[72] 현재의 정치 시스템은 말하자면 개발도상국 시기에 만들어진 시스템인 것이다. 그 시대에 맞췄던 제도적 디자인은 오늘날 구식이 되었다. 그동안 한국 사회의 변화와 발전이 정치체제에는 제대로 반영되지 않았다.

한국 사회는 이제 한 사람에게 의존하기에는 몸집이 너

무 커지고 내용도 다양해졌다. 정치 시스템을 반드시 개혁해야 하는 상황이 된 것이다. 한 사람에게 집중된 권력을 수평적·수직적으로 분산시키는 개헌이 필요하다.

민주주의는 항상 완성된 형태로 존재하지 않는다. 시대적 흐름과 환경 변화에 따라 새로운 도전이 끊임없이 반복된다. 이번 위기가 지나가더라도 또 다른 위기가 찾아올 수 있다.

2024년 12월에 발생한 정치적 위기는 새로운 체제로의 전환이 필요하다는 경고음이 울린 것이다. 사태가 일단락되었다고 덮고 넘어갈 문제가 아니라, 꼼꼼한 진단을 바탕으로 새로운 변화를 향해 나아가야 한다. 경각심을 갖고 제대로 대처하지 않으면, 이번의 정치적 위기가 일회성으로 끝나지 않을 수도 있다.

제도적 변화와 함께 시민의식에 대해서도 되돌아볼 필요가 있다. 한국 사회가 민주주의 위기를 겪게 된 것은 시민들이 적대와 반목, 대립과 갈등의 소용돌이에 빠져들었기 때문이다. 정치적 견해 차이는 선과 악의 대결이 아니라, 그저 '서로 다름'일 뿐이다. 민주주의 공동체는 다양하고 서로 다른 생각을 가진 이들로 구성되어 있으며, 다름을 인정하지 않는다면 그 공동체는 심각한 내적 위기를 맞을 수밖에 없다.

이번 위기는 제도적 변화가 시급히 필요하다는 점과 함께 공존을 위한 관용과 배려에 대해 다시 생각하게 하는 계기가 되었다. 결국 민주주의를 지키는 것은 다름 아닌 시민들의 몫이다.

# 주석

## 1부. 민주주의는 우리에게 무엇을 남겼는가

1.  https://www.korea.kr/news/issueQAView.do?newsId=148679617

2.  Samuel Huntington. 1991. The Third Wave: Democratization in the Late Twentieth Century. Norman: University of Oklahoma Press.

3.  Francis Fukuyama. 1989. "The End of History?" The National Interest, no. 16 (Summer), p.4.

4.  여기의 논의는 강원택. 2024. 『제5공화국』. 역사공간.

5.  노태우. 2011. 『노태우 회고록: 상권 – 국가, 민주화, 나의 운명』. 조선뉴스프레스, p.341.

6.  김성익. 1992. 『전두환 육성 증언』. 조선일보사, p.436.

7.  강원택. 2024. 『제5공화국』, p.448.

8.  Huntington. 1991. The Third Wave, p.114; pp.124-163.

9.  강원택. 2017. "87년 헌법의 개헌 과정과 시대적 함의." 『역사비평』. 119, pp.12-37.

10. 서희경. 2020. 『한국헌정사, 1948~1987』. 도서출판 포럼, pp.956-958.

11. "올해 '여권 파워' 한국은 3위…1위는 어디?" (한국경제신문 2024.7.27.).
    https://www.hankyung.com/article/2024072467837

12. https://www.mofa.go.kr/www/wpge/m_4181/contents.do

13. "1987년 이후 시사·정치 풍자 봇물… 최근 들어 수위 높아지며 정
    치권과 갈등도" (경향신문 2013.9.13.). https://www.khan.co.kr/
    article/201309132218275

14. 조갑제. 2007. 『노태우 육성회고록: 전환기의 대전략』. 조갑제닷컴, p.198.

15. 제13대 국회 개원식 연설. (1988.5.30.). 행정안전부 대통령기록관. https://
    www.pa.go.kr/research/contents/speech/index.jsp

16. 노재봉 외. 2011. 『노태우 대통령을 말한다: 국내외 인사 175인의 기록』. 동
    화출판사, p.771.

17. 최준영. 2012. "3당 합당: 민주화 이후 한국 정당 정치의 분기점." 강원택
    편. 『노태우 시대의 재인식』. 나남, pp.75-76.

18. 홍민·김수암·조정아·이우태. 2017. 『구술로 본 통일정책사』. KINU 연
    구총서 16-23. 통일연구원, pp.183-184.

19. Huntington. 1991. The Third Wave, p.209.

20. "〔집중점검〕 김영삼 정부의 하나회 해체 20년의 明暗" (월간조선
    2013년 4월호). https://m.monthly.chosun.com/client/news/viw.
    asp?nNewsNumb=201304100014

21. "12·12사태 발생 16년째 되는 날을 맞아 국민에게 드리는 말씀(역사 바로

세우기로 제2의 건국)"(1995.12.12.). 행정안전부 대통령기록관. https://
www.pa.go.kr/research/contents/speech/index.jsp

22. "〔김 전 대통령 서거〕5번 죽을 고비 넘긴 불사조 영면하다"(조선일보
2009.8.18.). https://www.chosun.com/site/data/html_dir/2009/
08/18/2009081801271.html

23. 김대중. 2010.『김대중 자서전 I』. 삼인, pp.424-425.

24. 김대중. 2010.『김대중 자서전 I』, pp.424-425.

25. 박찬수. 2025.『김대중의 국정 노트』. 한겨레출판, p.162.

26. "전두환 前 대통령, DJ 병원 찾아 "아이고, 얼마나…""(동아일
보 2009. 9. 21). https://www.donga.com/news/Politics/article/
all/20090815/8767373/1

27. 박찬수. 2025.『김대중의 국정 노트』, pp.151-152.

## 3부. 민주주의는 언제나 도전받는다

28. 장훈. 2021. "행정부 권력의 초집중화와 민주주의의 쇠퇴: 헝가리, 폴란드
사례를 중심으로".『미래정치연구』. 11(2), p.8.

29. 박정원. 2024. "헝가리 오르반 정부의 '적대의 정치'에 관한 연구".『통합유
럽연구』. 15(1), p.9.

30. 박정원. 2024. "헝가리 오르반 정부의 '적대의 정치'에 관한 연구", pp.10-11.

31. 김신규. 2023. "헝가리와 폴란드의 민주주의 퇴행 원인과 과정". 『슬라브학보』. 38(4), pp.532-534.

32. 장훈. 2021. "행정부 권력의 초집중화와 민주주의의 쇠퇴", pp.23-24.

33. 김신규. 2023. "헝가리와 폴란드의 민주주의 퇴행 원인과 과정", pp.525-526.

34. "Incitement to Riot? What Trump Told Supporters Before Mob Stormed Capitol" (New York Times. Jan. 10, 2021.) https://www.nytimes.com/2021/01/10/us/trump-speech-riot.html

35. 스티븐 레비츠키 · 대니얼 지블렛. 2024. 『어떻게 극단적 소수가 다수를 지배하는가』. 박세연 옮김. 어크로스, p.181

36. Foundation for European Progressive Studies(FEPS). 2018. State of Populism in Europe, p.8. https://feps-europe.eu/wp-content/uploads/2019/03/WEB_State-of-Populism-in-Europe-2018.pdf

37. "Spain elections: Right-wing populists and Eurosceptics now represented in 23 out of 28 EU member states." (Independent 29 April 2019). https://www.independent.co.uk/news/world/europe/spain-elections-far-right-party-eu-member-states-vox-parliament-a8891706.html

38. 이하 논의는 강원택. 2021. "포퓰리즘 정치와 한국 민주주의의 개혁 방안" 이정복 외. 『대전환기의 한국 민주정치』. 중앙북스.

39. Morris Fiorina, Samuel Abrams, and Pope, Jeremy. 2004. Culture war? The myth of a polarized America. Longman.

40. "국민 40%가 정치성향 다르면 밥도 먹기 싫다" (조선일보 2024.1.4.). https:

//www.chosun.com/politics/politics_general/2023/01/03/J5KSD6Y6G
VDPLMMWQJAJKJNQFM/

41. 강원택. "〔EAI 가짜뉴스 컨퍼런스〕포퓰리즘, 가짜뉴스와 한국 민주
    주의"(동아시아연구원 2004.1.30.). https://eai.or.kr/new/ko/pub/
    view.asp?intSeq=22352&board=kor_multimedia&keyword_
    option=&keyword=&more=

42. Huntington. 1991. The Third Wave, p.267.

43. "〔박관용 회고록〕박관용 "면담 회피는 '탄핵 유도' 증거""(시사저널
    2016.10.7.). https://www.sisajournal.com/news/articleView.html?
    idxno=158691

44. "본보-KRC 긴급여론조사: 탄핵 가결 열린우리당에 유리 33.5%"(동아일보
    2004.3.13.).

45. "〔논평〕이명박 대통령은 끝까지 거짓말과 책임회피하나"(노무현재단 2013.
    2. 5.). https://www.knowhow.or.kr/foundation/news_detail.php?pri_
    no=999500494&news_page=7&meta_id=rmh_etc_press

46. 문재인 대통령 취임사. (2017.5.10.). 행정안전부 대통령기록관. https://
    www.pa.go.kr/online_contents/archive/president_speechIndex.jsp?acti
    vePresident=%EB%AC%B8%EC%9E%AC%EC%9D%B8

47. "〔촛불 1년〕문재인 정부 탄생 동력 '촛불혁명', 이제는 국정 동력으로"
    (연합뉴스 2017.10.25.). https://www.yna.co.kr/view/AKR2017102408
    2500001

48. "문재인 대선공약 발표 "4대 비전, 12대 약속, 201개 실천과제""(문재인
    공식블로그 2017.4.28.). https://m.blog.naver.com/moonjaein2/

220994327337

49. 문재인. 2017.『문재인의 운명』. 특별판. BOOKPAL, p.412.

50. "〔김정하의 시시각각〕문재인 수사, 보복이 아니라 업보다"(중앙일보 2024. 9.6.). https://www.joongang.co.kr/article/25275963

51. "文정부가 휘두른 직권남용죄… 일반인들까지 남발해 고소·고발 3배 로"(조선일보 2019.7.15.). https://www.chosun.com/site/data/html_dir/2019/07/15/2019071500106.html

52. 차태서. 2021. "자유주의와 민주주의의 불화: 한국에서 포퓰리즘적 계기의 출현".『정치정보 연구』. 24(3), pp.149-150.

53. 권혁용. 2023. "한국의 민주주의 퇴행".『한국정치학회보』. 57(1), p.47.

54. "특집│촛불정부 원년, '나라다운 나라' 어떻게? 운동권·촛불세력 권력기관 장악. "진문(眞文·운동권 출신 칭외대 참모) 17명 위에 문 대통령 얹혀져""(신동아 2017.12.24.). https://shindonga.donga.com/politics/article/all/13/1165679/1

55. "〔사설〕'운동권 청와대' 도가 지나치다"(조선일보 2018.8.8.). https://www.chosun.com/site/data/html_dir/2018/08/07/2018080704074.html#Redyho

56. 문재인. 2017.『대한민국이 묻는다』. 21세기북스. p.68.

57. "최장집 교수 "문재인 정부 적폐청산, 민주주의 위기 불렀다""(중앙일보 2023.4.18). https://www.joongang.co.kr/article/25156027

58. "South Korea's president once decried powerful tycoons. Now he needs them to woo Pyongyang."(The Washington Post. December 8, 2018). https://

www.washingtonpost.com/world/asia_pacific/south-koreas-president-once-decried-powerful-tycoons-now-he-needs-them-to-woo-pyongyang/2018/12/08/dfff8020-eefb-11e8-9236-bb94154151d2_story.html

59. Shin, Gi-Wook. 2020. "South Korea's Democratic Decay." Journal of Democracy 31, p.112.

60. 문재인 대통령 취임사. (2017.5.10.). 행정안전부 대통령기록관.

61. "〔연합시론〕명암 엇갈린 문재인 정부 5년"(연합뉴스 2022.5.8.). https://www.yna.co.kr/view/AKR20220508028300022

## 4부. 벼랑 끝 민주주의를 회복할 시간

62. Linz, Juan. 1994. "Presidential or Parliamentary Democracy: Does It Make a Difference?," in Juan J. Linz and Arturo Valenzuela, eds., The Failure of Presidential Democracy. Baltimore: The Johns Hopkins University Press, p.7.

63. "법규정 없는 상임위원장 배분, 13대 이후 여야 타협의 산물"(동아일보 2020.6.13.). https://www.donga.com/news/Politics/article/all/20200613/101489545/1

64. "검수완박법, 법사위 소위 통과…민주당 단독의결"(연합뉴스 2022.4.26). https://www.yna.co.kr/view/AKR20220426163000001

65. 거창 양민 학살 사건의 보상에 대한 특별법 및 박근혜 전 의원이 발의한 사면

법 개정안에 대해 2004년 고건 대통령 권한대행이 거부권을 행사했다.

66. 박찬수. 2025.『김대중의 국정 노트』, pp.125-126.

67. 강원택. 2006.『대통령제, 내각제와 이원정부제: 통치형태의 특성과 운영의 원리』. 인간사랑, p.62; 강원택. 2022.『국가는 어떻게 통치되는가』. 인간사랑, p.64.

68. 스티븐 레비츠키 · 대니얼 지블랫. 2018.『어떻게 민주주의는 무너지는가』, 박세연 옮김. 어크로스, pp.14-15.

69. 레비츠키 · 지블랫. 2018.『어떻게 민주주의는 무너지는가』, p.132.

70. https://avalon.law.yale.edu/18th_century/fed51.asp

## 나가는 글. 지금은 민주주의를 위한 상상력이 필요하다

71. 김현섭. 2023. "민주주의의 퇴행이란 무엇이고, 어떻게 발생, 진행되며, 왜 문제인가? 조망과 평가".『한국정치연구』, 32(3), p.42.

72. 지표누리. 한국의 사회 지표. https://www.index.go.kr/unity/potal/indicator/IndexInfo.do?idxCd=F0133

이 책에 사용된 저작물 대부분은 저작권자의 동의를 얻어 수록했지만, 일부는 저작권자를
확인할 수 없어 정식 협의 절차를 진행하지 못했습니다. 저작권자가 확인되는 대로 협의 후
합당한 조치를 취하겠습니다.

KI신서13713

## 벼랑 끝 민주주의를 경험한 나라

**1판 1쇄 인쇄** 2025년 7월 25일
**1판 1쇄 발행** 2025년 8월 4일

**지은이** 강원택
**펴낸이** 김영곤
**펴낸곳** ㈜북이십일 21세기북스

**서가명강팀장** 강지은 **서가명강팀** 강효원 김소영
**디자인 표지** THIS-COVER **본문** 푸른나무디자인
**마케팅영업부문 영업팀** 정지은 한충희 장철용 강경남 황성진 김도연 이민재
**제작팀** 이영민 권경민

**출판등록** 2000년 5월 6일 제406-2003-061호
**주소** (10881) 경기도 파주시 회동길 201(문발동)
**대표전화** 031-955-2100 **팩스** 031-955-2151 **이메일** book21@book21.co.kr

**(주)북이십일** 경계를 허무는 콘텐츠 리더

21세기북스 채널에서 도서 정보와 다양한 영상자료, 이벤트를 만나세요!
페이스북 facebook.com/jiinpill21          포스트 post.naver.com/21c_editors
인스타그램 instagram.com/jiinpill21        홈페이지 www.book21.com
유튜브 youtube.com/book21pub
서울대 가지 않아도 들을 수 있는 명강의! 〈서가명강〉
유튜브, 네이버, 팟캐스트에서 '서가명강'을 검색해보세요!

ⓒ 강원택, 2025

ISBN 979-11-7357-423-8 04300
        978-89-509-7942-3 (세트)

'서가명강' 시리즈가 궁금하다면 큐알(QR) 코드를 스캔하세요.

# 서가명강 서울대 가지 않아도 들을 수 있는 명강의

'서가명강'은 대한민국 최고 명문 대학인 서울대학교 교수님들의 강의를 엮은 도서 브랜드로, 다양한 분야의 기초 학문과 젊고 혁신적인 주제의 인문학 콘텐츠를 담아 시리즈로 발간하고 있습니다.

*서가명강 시리즈는 계속 출간됩니다.